AF396125

MAGASINS GÉNÉRAUX, DOCKS

ET

WARRANTS

VENTES PUBLIQUES VOLONTAIRES

De Marchandises en Gros.

LOIS ET DOCUMENTS SUR CES MATIÈRES. — MAGASINAGE
PUBLIC ET WARRANTS FRANÇAIS. — DOCKS ANGLAIS, WARRANTS,
WHARFS, ETC., — RENSEIGNEMENTS DIVERS.

VENTES ET MARCHÉS RÉPUTÉS ACTES DE COMMERCE.

Loi du 11 juin 1859.

2ᵉ ÉDITION.

REVUE ET AUGMENTÉE,

Par P. NICOLE, Avocat.

PRIX 2 FR.

PARIS

LAMBERT, Libraire-Éditeur,

30, Rue Vaugirard,

ET CHEZ TOUS LES LIBRAIRES DE FRANCE ET DE L'ÉTRANGER.

1860

DÉPÔT LÉG.
Seine Inférieure
N° 77
1860.

MAGASINS GÉNÉRAUX, DOCKS

ET

WARRANTS

VENTES PUBLIQUES VOLONTAIRES

De Marchandises en Gros.

LOIS ET DOCUMENTS SUR CES MATIÈRES. — MAGASINAGE
PUBLIC ET WARRANTS FRANÇAIS. — DOCKS ANGLAIS, WARRANTS,
WHARFS, ETC., — RENSEIGNEMENTS DIVERS.

TRAITÉS ET MARCHÉS RÉPUTÉS ACTES DE COMMERCE.

(loi du 11 juin 1859)

2ᵉ ÉDITION.

REVUE ET AUGMENTÉE,
Par P. NICOLE, Avocat.

PARIS

LAMBERT, Libraire-Editeur,
50, *Rue Vaugirard,*
ET CHEZ TOUS LES LIBRAIRES DE FRANCE ET DE L'ÉTRANGER.

1860

HAVRE. — IMP. ROQUENCOURT, GRAND'RUE, 36.

TABLE DES CHAPITRES.

V

ABRÉVIATIONS :

V............	*Voyez ou Voir.*
Cf............	*Conférer ou Conférez*
P............	*Page.*
Exp.........	*Exposé des Motifs.*
Cod. Nap.....	*Code Napoléon.*
Cod. c. ou co. c.	*Code de Commerce.*
Art..........	*Article.*
Ch...........	*Chapitre.*
L............	*Loi.*
§............	*Paragraphe.*

ERRATA.

À la page 4, dernière ligne des annotations, *lisez* : l'art. 4, *et non* 84.

Page 9, à l'art. 9, *lisez* les délais *et non* les détails.

Avant le décret du 21 mars 1848, le négociant ou l'industriel qui voulait obtenir des avances sur le dépôt de sa marchandise ou de ses produits, devait se conformer à l'article 95 du code de commerce, le prêteur tenant d'autant plus à l'accomplissement des formalités légales, qu'il trouvait dans le respect de la loi la sécurité de son opération.

Cet article est ainsi conçu :

« Tous prêts, avances ou paiements qui pourraient être faits sur des marchandises déposées ou consignées par un individu résidant dans le lieu du domicile du commissionnaire, ne donnent privilége au commissionnaire ou dépositaire qu'autant qu'il s'est conformé aux dispositions prescrites par le code Napoléon liv. III. Tit. XVII (2073 à 2084) pour les prêts sur gages ou nantissements.»

D'après ces dispositions il faut :

Qu'on dresse, chaque fois que le prêt est supérieur à 150 fr., un acte public ou sous-seing privé dûment enregistré, contenant la déclaration de la somme due, ainsi que l'espèce et la nature de la chose mise en gage, ou un état annexé de leurs qualité, poids ou mesure (art. 2074 cod. Nap.) ;

Que le gage ait été mis et soit demeuré en la possession du créancier ou d'un tiers convenu entre les parties (2076 id.) ;

Que le créancier, à défaut de paiement, fasse ordonner en justice que le gage lui demeurera en paiement et jusqu'à due concurrence d'après une estimation faite par experts, ou qu'il sera vendu aux enchères (2078 id.) etc.

Rangé par le législateur dans la classe des prêts sur gage, tout-à-fait en désaccord avec les idées et les besoins de l'époque, le prêt sur dépôt de marchandises ne pouvait être que l'expédient de quelques situations compromises : il sortait de la classe des opérations régulières du commerce.

La loi du 8 septembre 1830, en réduisant les droits d'enregistrement de ces contrats à un droit fixe de 2 fr. eut pour objet, ainsi qu'il appert de l'exposé des motifs de cette loi, d'en faciliter la réalisation, et elle réussit à en accroître le nombre.

Elle ne changea rien au système en vigueur.

Pour que le législateur s'occupât de créer en dehors des procédés juridiques que mettait en jeu ce système, d'autres ressources légales, il fallut que, placé par une perturbation des affaires, en face d'un encombrement subit et anormal des marchandises et des produits, il fut requis, au nom du péril public, de résoudre sur l'heure ce problème complexe.

Au lendemain de février 1848, d'un bout de la France à l'autre, on vit sourdre une crise industrielle et commerciale, excitée par les factions, entretenue par la peur. La consommation dès le début s'arrête, la production s'agite dans le vide, et la spéculation atterrée livre les valeurs au discrédit et à la baisse. Des négociants et des industriels en vain résistent à la crise : l'universelle stagnation des affaires comprime leurs opérations, et la liquidation soudaine des principaux établissements de crédit précipite leur chute. Cependant, les portefeuilles étaient pleins de valeurs, et les magasins encombrés de produits et de marchandises.

Le ministre des finances est chargé de pourvoir.

Pour créer des issues aux valeurs, le Gouvernement, sur sa proposition, décrète l'établissement de comptoirs d'escompte, à Paris et dans les grands centres.

Comment en ouvrir aux marchandises ?

« J'ai pensé, dit le ministre, dans son rapport du 21 Mars, que le meilleur moyen de remédier au mal, c'était d'anticiper sur la consommation, par la circulation......, j'ai pensé qu'il fallait rendre la vie pour le moment à des valeurs aujourd'hui stagnantes...... » (1)

De là, le décret rendu le jour même, et les dispositions qui s'y réfèrent.

Accueilli par le Gouvernement, comme une ressource pour le commerce et l'industrie, et promulgué avec ardeur, le décret du 21 mars inspiré de l'usage anglais des warrants (2), ouvrait une issue aux marchandises et produits, inaugurait en France l'usage des bons ou certificats négociables, et livrait à la discussion cette idée féconde.

On a reproché à cette législation de ne délivrer au déposant qu'un seul titre (art. 3, décret du 21 mars et 7 de l'arrêté du 26) devant servir soit à la vente, soit au nantissement de la marchandise déposée. Habituellement, la marchandise n'est engagée que pour une partie de sa valeur, le quart, la moitié, les trois quarts au plus. Si.

(1) V. à l'Appendice 1re partie, ce rapport et les lois qui suivirent.

(2) V. Chap. IX. Aperçu général sur le magasinage public, et les warrants anglais.

après avoir engagé sa marchandise partiellement, le déposant voulait tirer parti, par la vente, du surplus de cette valeur, il ne le pouvait pas, puisqu'il n'avait plus de titre représentatif de sa propriété. (1)

D'exiger la transcription sur le registre du Magasin de tous les endossements (art. 7 de l'arrêté du 26 mars) : une telle prescription devait entraver la circulation du récépissé, et s'opposer à ce qu'il devînt une valeur courante.

On a encore critiqué, avec raison, la disposition de l'art. 11 de l'arrêté du 26 mars qui donnait au cessionnaire, porteur du récépissé, la faculté d'exercer son recours à son choix, soit contre l'emprunteur et les endosseurs, soit sur la marchandise déposée — et l'autre disposition du même article qui, subordonnait la vente de la marchandise, à défaut de paiement à l'échéance, à une autorisation du juge.

Le 27 mars 1858, le Gouvernement présenta au Corps législatif deux lois ayant pour objet : la première, les négociations concernant les marchandises déposées dans les Magasins généraux, et la seconde, les ventes publiques de marchandises en gros.

---

(1) Exp. des motifs, n" 4.

Le 5 mai 1858, discussion de ces deux lois et adoption à l'unanimité.

La délibération du Sénat eut lieu à la date du 17 du même mois.

Au problème difficile de la circulation ou mobilisation de la marchandise, ces lois vont apporter une solution rationnelle.

Ce problème est posé ainsi par l'exposé des motifs : Faire que le détenteur d'une marchandise qui a besoin, pour faire honneur à ses engagements, ou ne point arrêter ses opérations, de recouvrer le capital engagé dans cette marchandise et qu'elle représente, n'attende pas ce capital ; que la marchandise qui est une valeur certaine, soit aussi, entre ses mains, une valeur toujours disponible et réalisable.

Dans ce but, la loi sur les Magasins généraux, mobilise à ce point la marchandise, qu'elle peut changer de mains avec la même facilité, et aussi peu de frais qu'un billet de commerce, ce qui la rend susceptible d'engagement et de vente sans déplacement.

Contre le dépôt de votre marchandise, le magasin vous remet un récépissé auquel est annexé un warrant.

Le récépissé est le certificat de propriété : il donne en conséquence au porteur le droit de disposer de la marchandise.

Le warrant ou bulletin de gage transmet au cessionnaire par endossement, le privilége du créancier gagiste, sur le gage.

Pour emprunter sur votre marchandise, vous détachez le warrant ou bulletin de gage et le négociez au prêteur.

Pour la vendre, vous cédez à l'acheteur vos deux titres. Si antérieurement vous avez transmis à un prêteur le warrant, vous endossez le récépissé à l'ordre de l'acheteur qui succède ainsi à votre situation, et devra subir les effets du privilége que la négociation du warrant a fait peser sur la marchandise.

Telle est réduite à sa plus simple expression l'économie de la première loi.

La seconde, la loi sur les ventes, ouvre à la marchandise un marché public permanent, où le concours des acheteurs rend la réalisation certaine, et soutient les cours.

Des esprits sérieux ont entrevu dans ces lois des accroissements considérables pour l'industrie et pour le commerce français, et comme le prodrôme d'une ère nouvelle.

Ils ont dit que les importeurs étrangers, trouvant sur nos places de grands établissements de dépôt, un magasinage économique, des manutentions accélérées, feraient sur la France des expéditions de plus en plus nombreuses ;

Que les ventes publiques offriraient à leurs marchandises un large débouché et qu'il leur serait au surplus facile, s'ils ne les vendaient pas, de les écouler sur le continent ;

Que les acheteurs du centre de l'Europe au lieu d'aller s'approvisionner aux ventes publiques anglaises, auraient plus d'avantage à venir acheter dans nos ventes publiques, et qu'ils y viendraient ; etc.

Les réformes annoncées par la lettre de l'Empereur du 5 Janvier 1860 donneront aux lois de 1858 une efficacité nouvelle. Ceux qui entrevirent la portée de ces lois, ont dû s'émouvoir au signal de cette révolution économique, ainsi appréciée par le *Times*, organe du commerce anglais : « Si nous étions jaloux, dit ce journal, nous regretterions de voir la France entrer dans une voie qui en fera dans quelques années la rivale commerciale de la formidable Angleterre. »

Les opérations de transit bientôt multipliées par ces réformes, jetteront sur nos places des produits et des marchandises de tous les climats, conquêtes de l'activité commerciale ! — L'Industrie nationale ne restera pas en retard : accusée dernièrement de faiblesse et d'incapacité par des esprits timides ou prévenus qui la calomniaient en voulant la défendre, elle saura poser sur les marchés ses produits au niveau des produits anglais, et voudra sortir avec honneur d'une lutte qu'elle est de taille à accepter.

———

Le lecteur verra à la page 73, imprimée avant ces préliminaires, que la Compagnie Havraise de Magasins publics s'était, à son début, adressée au Commerce pour obtenir son concours et revendiquer son contrôle.

Les Négociants du Havre se réunirent le 3 mars dernier pour entendre les propositions de cette Compagnie.

En son nom, M. A. Quesnel dit : « La Compagnie Havraise de Magasins publics et de Magasins généraux a la prétention d'avoir fait une entreprise d'intérêt général pour le Commerce, en même temps qu'avantageuse pour elle-même, et, pour être plus sûre de conserver ce double caractère à son entreprise, elle désire pouvoir se concerter facilement et constamment avec les mandataires du Commerce, tant sur la marche à suivre dans l'exploitation de son établissement actuel, que sur l'organisation et le développement de nouveaux établissements et de nouveaux services.

» Elle vous prie donc de nommer un comité de trois membres qui soit chargé de vous représenter à cet effet pendant une année, c'est-à-dire jusqu'au 1er mars 1861. » (1)

———

(1) Sur la mission de ce comité, V. p. 73 de l'ouvrage.

XVJ

Sur cet appel de la Compagnie, dont ils accueillirent unanimement les propositions, les négociants élurent membres du comité nouveau MM. J. Barbulée, Eug. Lecoq et Ch. Leclerc.

MAGASINS GÉNÉRAUX

DOCKS

ET WARRANTS

VENTES PUBLIQUES VOLONTAIRES

DE

MARCHANDISES EN GROS.

CHAPITRE Ier

Lois organiques,

Deux lois en date des 28 mai — 11 juin 1858, l'une sur les négociations concernant les marchandises déposées dans les magasins généraux, l'autre sur les ventes publiques de marchandises en gros, portent :

1

1ʳᵉ LOI

Négociations concernant les marchandises déposées dans les magasins généraux.

Art. 1ᵉʳ. — Les magasins généraux établis en vertu du décret du 2 mars 1848, et ceux qui seront créés à l'avenir, recevront les matières premières, les marchandises et les objets fabriqués que les négociants et industriels voudront y déposer.

Ces magasins sont ouverts, les chambres de commerce

(Art. 1ᵉʳ.) — 1. — Ces deux lois des 28 mai — 11 Juin 1858, abrogent : la première, le décret du 21 mars 1848; la seconde, le décret du 17 avril 1812, et l'ordonnance du 9 avril 1819 en ce qui est relatif aux ventes publiques de marchandises autres que celles faites par autorité de justice. Sont encore abrogées les lois mentionnées à l'article 8 de la 2ᵉ loi.

2. — V. Dalloz, année 1858, 6ᵉ et 7ᵉ cahier : 1º discussion au Corps législatif; 2º exposé des motifs, 3º rapport de M. Ancel, député du Havre.

3. — V. à l'appendice, le décret du 21 mars 1848.

4. — *Des récépissés.* — V. les Formules à l'appendice, 2ᵉ partie.

5. — *Négociants et industriels.* — Formule simplement énonciative, puisqu'on recevrait également des marchandises que voudraient déposer des non négociants.

6. — *Ainsi que la nature.* — Pour prévenir toute difficulté sur l'identité de la marchandise, et pour éviter une vé-

ou consultatives des arts et manufactures entendues, avec l'autorisation du Gouvernement et placés sous sa surveillance.

Des récépissés délivrés aux déposants énoncent leurs nom, profession et domicile, ainsi que la nature de la marchandise déposée et les indications propres à en établir l'identité, et à en déterminer la valeur.

Art. 2. — A chaque récépissé de marchandises est annexé, sous la dénomination de *warrant*, un bulletin

---

rification, qui occasionnerait des pertes de temps, au moment do la négociation.

7. — Pour apprécier exactement les droits et obligations des propriétaires ou exploitants de magasins généraux, V. au code Napoléon le titre du dépôt, article 1915 et suivant, et notamment 1927 à 1948. Voir aussi article 1382-1383, Cf. Décret du 12-31 mars 1859, publié plus loin, article 1er à 12, et 19 ; — et la circulaire du ministre de l'agriculture, du commerce et des travaux publics, qu'on a joint à ce décret dont elle forme le commentaire. Sur la question de responsabilité, consulter en outre à l'appendice (1re partie *in fine*) les jugements rendus entre des négociants déposants et des compagnies dépositaires.

(Art. 2, 3, 4.) — 1. — *Warrants.* — V. formules à l'appendice, 2e partie.

2. — Ainsi la marchandise déposée donne lieu à la création de deux titres : le premier le *récépissé*, dont l'endossement confère au cessionnaire le droit de disposer de la marchandise, et équivaut à un ordre de livraison ; le second le

de gage contenant les mêmes mentions que le récépissé. (Cf., art. 15, décret du 12 mars 1859.)

3. — Les récépissés et les warrants peuvent être transférés par voie d'endossement, ensemble ou séparément.

4. — L'endossement du warrant séparé du récépissé vaut nantissement de la marchandise au profit du cessionnaire du warrant.

---

warrant, dont l'endossement a pour effet de placer la marchandise, à titre de gage, entre les mains du prêteur.

3. — « Le déposant, dit l'Exposé des motifs n° 6, veut-il emprunter sur sa marchandise ? Il détache le bulletin de gage et le transfère par endossement au prêteur. L'endossement du bulletin seul et séparé du récépissé vaut nantissement et confère au prêteur sur la marchandise déposée tous les droits du créancier gagiste sur le gage ; ce gage suit le bulletin en quelques mains qu'il passe par l'effet des négociations successives dont il est l'objet. — Le déposant veut-il vendre ? Si sa marchandise n'est grevée d'aucun engagement, il a entre les mains les deux titres ; il les transfère tous deux à l'acheteur, et, par cet endossement, la propriété de la marchandise passe purement et simplement de la tête du vendeur sur celle de l'acheteur. — Si la marchandise est engagée, il transfère à l'acheteur le récépissé qu'il a conservé, et l'acheteur devient encore propriétaire de la marchandise, mais au même titre que le vendeur, c'est-à-dire à charge de payer au porteur du bulletin le montant de la créance garantie par l'endossement du bulletin. »

4. — L'art. 84 de la présente loi, déroge aux dispositions

L'endossement du récépissé transmet au cessionnaire le droit de disposer de la marchandise, à la charge par lui, lorsque le warrant n'est pas transféré avec le récépissé, de payer la créance garantie par le warrant, ou d'en laisser payer le montant sur le prix de la marchandise.

5. — L'endossement du récépissé et du warrant, transférés ensemble ou séparément, doit être daté.

L'endossement du warrant séparé du récépissé doit en outre énoncer le montant intégral, en capital et intérêts, de la créance garantie, la date de son échéance et les noms, profession et domicile du créancier.

---

de l'article 2076 du code Nap., d'après lequel le privilége ne subsiste sur le gage qu'autant que ce gage a été mis, et est resté en la possession du créancier ou d'un tiers convenu entre les parties. Ici, le cessionnaire du warrant est saisi du privilége de nantissement par l'endossement à son profit. — Cf art. 2073 et suiv., code Nap. et 95 du code de com.

5. — I. *Endossement du Warrant.* — En matière civile et même en matière commerciale, le transport des créances et des droits incorporels est soumis à des prescriptions rigoureuses. (Art 1689 et suiv. C. Nap.) Ces prescriptions n'ont point atteint les titres à ordre; l'endossement seul suffit. Il convenait également, dans la matière qui nous occupe, de remplacer les formalités qu'elles commandent, par un mode plus rapide de transmission. Ainsi comme on l'a vu aux notes sur l'article précédent, n° 4, l'endossement du warrant vaut par lui-même, et par lui seul nantissement de la marchandise au profit du cessionnaire de titre. Mais pour cela, il sera nécessaire que cet endossement, translatif du privi-

Le premier cessionnaire du warrant doit. immédiate-
ment faire transcrire l'endossement sur les registres du
magasin, avec les énonciations dont il est accompagné.
Il est fait mention de cette transcription sur le warrant.
(V. 2074 C. Nap. 16, décret du 12 Mars 1858. — 147
Code Pénal.)

6. Le porteur du récépissé séparé du warrant peut,

---

lége de nantissement, contiennent les énonciations essentielles
à ce contrat.

Il faudra donc :

1° Que l'endossement du warrant soit daté ;

2° Qu'il énonce le montant, en capital et intérêts de la
créance garantie ;

3° Qu'il fasse connaître l'échéance de la dette ;

4° Qu'il énonce les noms, profession et domicile du créancier ;

5° Que l'endossement (si c'est le premier) soit immédiatement transcrit sur les registres du magasin, car ce premier
endossement seul constitue l'acte de nantissement. Pour les
cessionnaires suivants, le warrant est un effet de commerce
avec priviléges sur certaines valeurs.

2. — *Endossement du Récépissé.* — L'endossement du
récépissé doit être daté. Il doit, en outre, faire connaître les
noms, profession et domicile du cessionnaire.

3. Les endossements, soit des warrants, soit des récépissés sont exempts de l'enregistrement. V. Chap. III. Enregistrement et timbre.

6. — V. Discussion au Corps législatif. Dalloz, 6e et 7e
cahier 1858. 4e partie, page 70. — M. Schneider, président

même avant l'échéance, payer la créance garantie par le warrant.

Si le porteur du warrant n'est pas connu ou si, étant connu, il n'est pas d'accord avec le débiteur sur les conditions auxquelles aurait lieu l'anticipation de paiement, la somme dûe, y compris les intérêts jusqu'à l'échéance, est consignée à l'administration du magasin général, qui en demeure responsable, et cette considération libère la marchandise.

7. A défaut de paiement à l'échéance, le porteur du

---

de la commission chargée d'examiner le projet de loi, explique la pensée et le mécanisme de cet article 6, qui lui paraît, dans la loi nouvelle, un organe essentiel. « Il y avait, dit-il, à concilier le droit du propriétaire de réaliser sa marchandise avec la sécurité qui est dûe au prêteur. Le moyen d'y parvenir est bien simple : il suffira de consigner la somme empruntée en capital et intérêts. Mais alors, a-t-on dit, le propriétaire de la marchandise qui voudra se libérer par anticipation en consignant la somme due, perdra les intérêts jusqu'au jour de l'échéance. L'orateur reconnaît qu'il y a là, en effet, quelque chose d'assez onéreux pour l'emprunteur, mais la compensation de cette perte se trouve dans la libération immédiate de la marchandise. C'est à lui de voir si l'avantage et l'inconvénient se balancent. Il fallait bien concilier les deux intérêts en présence : la libération de l'emprunteur était au prix de la consignation du montant de la dette; or les sommes déposées ne rapportent pas en général d'intérêt. L'emprunteur qui veut se libérer par anticipation doit donc les perdre. »

warrant séparé du récépissé, peut, huit jours après le protêt et sans aucune formalité de justice, faire procéder à la vente publique aux enchères et en gros de la marchandise engagée, dans les formes et par les officiers publics indiqués dans la loi du 28 Mai 1858.

Dans le cas où le souscripteur primitif du warrant l'a remboursé, il faut faire procéder à la vente de la marchandise, comme il est dit au paragraphe précédent. contre le porteur du récépissé, huit jours après l'échéance, et sans qu'il soit besoin d'aucune mise en demeure. (Cf. art. 1 et 2 de la loi suivante, 18 du décret, 2078 Code Napoléon.)

8. — Le créancier est payé de sa créance sur le prix, directement et sans formalité de justice, par privilége et préférence à tous créanciers, sans autre réduction que celle: 1° des contributions indirectes, des frais d'octroi et des droits de douane; 2° des frais de vente, de magasinage, et autres faits pour la conservation de la chose.

Si le porteur de récépissé ne se présente pas lors de la vente de la marchandise, la somme excédant celle qui est due au porteur du warrant est consignée à l'administration du magasin général, comme il est dit à l'article 6.

---

(8) — 1. — D'après l'art. 22 titre 13 de la loi du 6-22 avril 1791, la douane avait un privilége général, alors que des droits de douane étaient dus par une marchandise, sur l'ensemble des meubles et effets mobiliers du redevable. L'art. 8 affranchit celui-ci des effets de ce privilége exorbitant en le réduisant aux droits dûs par la marchandise elle-même.

9. Le porteur du warrant n'a de recours contre l'emprunteur et les endosseurs qu'après avoir exercé ses droits sur la marchandise et en cas d'insuffisance.

Les détails fixés par les art. 165 et suiv. C. com. pour l'exercice des recours contre les endosseurs, ne courent que du jour où la vente de la marchandise est réalisée.

Le porteur du warrant perd en tous cas son recours contre les endosseurs, s'il n'a pas fait procéder à la vente dans le mois qui suit la date du protêt.

10. — Les porteurs de récépissés et de warrants ont

---

(9) — 1. Cf. art. 2 du décret du 23-26 août 1848. — (V. à l'appendice) aux termes duquel le cessionnaire, porteur du récépissé, pouvait, faute de paiement à l'échéance, exercer son recours contre l'emprunteur, et les endosseurs, *ou* la marchandise déposée.

2. Il est certain, comme dit l'exposé des motifs, que s'il se présentait des cas où il eut un intérêt sérieux à ajourner la vente au-delà de ce terme, pour obtenir un meilleur prix, il pourrait toujours être avisé par des arrangements particuliers que faciliterait sans doute l'intérêt commun des endosseurs et du propriétaire de la marchandise, à ne pas la faire vendre dans des conditions trop mauvaises (N° 14 de l'exp.)

(10) — 1. Ces porteurs succèdent aux droits et actions des déposants, qui sont considérés comme leurs *negotiorum gestores*. (Cod. Nap. 1371 et suiv.)

2 — Sur qui doit en cas de sinistre retomber la perte de la marchandise déposée ?

Sur l'auteur du dommage, Cf. note 7 de l'art. 1er. Au demandeur en dommages-intérêts incombera la preuve, qui pré-

sur les indemnités d'assurance, dues en cas de sinistres, les mêmes droits et priviléges que sur la marchandise assurée.

11. — Les établissements publics de crédit peuvent recevoir les warrants comme effets de commerce, avec dispense d'une des signatures exigées par leurs statuts.

12. — Celui qui a perdu un récépissé ou un warrant, peut demander et obtenir par ordonnance du juge, en justifiant de sa propriété et en donnant caution, un duplicata s'il s'agit du récépissé, le paiement de la créance garantie, s'il s'agit du warrant.

13. — Les récépissés sont timbrés ; ils ne donnent lieu pour l'enregistrement qu'à un droit fixe de 1 franc : sont applicables aux warrants endossés séparément des récépissés les dispositions du titre 1er de la loi du 5 Juin 1850, et de l'art. 69, §. 2. n° 6, de la loi du 22 Frim. an VII.

---

sentera nécessairement les plus grandes difficultés. Le magasin général sera déclaré responsable des pertes, si le demandeur établit contre les préposés une faute, ou un acte d'imprudence ou d'incurie.

(11) — 1. V. (à l'appendice) le décret du 21-27 mars 1848.

(12) — 1. V. les art. 150 et suivants du Code de com. qui règlent les cas de perte d'une lettre de change.

(13) — Pour les questions d'enregistrement et de timbre que soulève la présente loi. V. le chap. III.

2. — La loi du 5 juin 1850, relative au timbre des effets

L'endossement d'un warrant séparé du récépissé non timbré et non visé pour timbre, conformément à la loi, ne peut être transcrit ou mentionné sur les registres du magasin, sous peine contre l'administration du magasin, d'une amende égale au montant du droit auquel le warrant est soumis.

Les dépositaires des registres des magasins généraux sont tenus de les communiquer aux préposés de l'enregistrement, selon le mode prescrit par l'art 54 de la loi du 22 Frim. an VII, et sous les peines y énoncées.

14. — Un réglement d'administration publique, prescrira les mesures qui seraient nécessaires à l'exécution de la présente loi.

15. — Sont abrogés le décret du 21 Mars 1848 et l'arrêté du 26 Mars de la même année.

Est également abrogé en ce qu'il a de contraire à la présente loi, le décret des 23-26 Août 1848.

---

de commerce, bordereaux, actions, etc. se rattachant aux matières traitées dans cet ouvrage, a été ajoutée à l'appendice (1re partie).

DEUXIÈME LOI.

Ventes publiques de Marchandises en gros.

Art. 1ᵉʳ. — La vente volontaire aux enchères, en gros, des marchandises comprises au tableau annexé à la présente loi, peut avoir lieu par le ministère des courtiers, sans autorisation du tribunal de commerce.

Ce tableau peut être modifié, soit d'une manière générale, soit pour une ou plusieurs villes, par un décret rendu dans la forme des réglements d'administration publique et après avis des Chambres de commerce. (V. art. 21 à 28. Déc. du 12 Mars).

2. Les courtiers établis dans une ville où siège un tribunal de commerce ont qualité pour procéder aux

---

1. — 1. Documents à consulter : 1° Exposé des motifs; 2° Le rapport de M. Ancel, insérés au 6ᵉ et 7ᵉ cahier de Dalloz — année 1858; 3° Décret du 12 Mars et circulaire du ministre au chap. suivant.

(2). — 2. L'exposé des motifs et le rapport s'accordent à considérer les dispositions de cet art. comme favorables aux ventes, en ce sens qu'elles sont attribuées à des agents ayant des connaissances spéciales et dont le ministère occasionne assez peu de frais. (V. le chap. IV où il est traité des attributions et obligations des courtiers.)

2. — 1. Un particulier peut-il, sans le concours d'un officier public, procéder à une vente publique d'objets mobiliers à la criée ?

Oui, s'il ne fait pas d'enchères et se contente de fixer des

ventes régies par la présente loi, dans toute localité
dépendant du ressort de ce tribunal où il n'existe pas de
courtiers.

---

prix, qu'il fait annoncer par un crieur, pour chaque article
exposé en vente. — Argument de la loi du 22 pluviôse, an
VII, ainsi conçu :

« . . . Les meubles, effets, marchandises, etc., etc., et
tous autres objets mobiliers, ne pourront être vendus publiquement *et sur enchères*, qu'en présence, et par le ministère
d'officier public, ayant qualité pour y procéder. » Cf. Douai,
23 Mai 1828.

2. V. Enregistrement et timbre. Ch. III et IV.

(3.) « Ces dispositions, dit M. Ancel, dans son rapport,
sont essentiellement conformes au caractère commercial de la
loi. Votre commission aurait désiré qu'elles fussent étendues
aux ventes ordonnées par la justice consulaire, comprenant
les marchandises portées au tableau, ainsi que les navires.
Des amendements réclamant cette extension nous ont été proposés par nos honorables collègues, MM. Armand, Curé, Javal,
et le baron Roguet. Les chambres de commerce de Bordeaux,
du Havre, de Marseille, se sont vivement associées à cette
demande. MM. les commissaires du gouvernement ont été
frappés comme nous des considérations de compétence et d'é-
conomie, qui militent en faveur de l'emploi des courtiers. On
sait, en effet, que les droits du commissaire-priseur sont de
6 p. %, tandis que ceux du courtier ne s'élèvent qu'à 1 p. %
Ainsi les frais d'une vente judiciaire grèvent à la fois, d'une
perte qui pourrait être évitée, le débiteur malheureux et
ses créanciers. . . . . Nous croyons qu'une disposition législative, que le Conseil d'Etat n'a pas cru devoir introduire in-

Ils se conforment aux dispositions prescrites par la loi du 22 Pluviôse an VII concernant les ventes publiques de meubles.

3. — Le droit de courtage pour les ventes qui font l'objet de la présente loi est fixé, pour chaque localité, par le ministre de l'agriculture, du commerce et des travaux publics, après avis de la chambre et du tribunal de commerce ; mais dans aucun cas il ne peut excéder le droit établi dans les ventes de gré-à-gré, pour les mêmes sortes de marchandises.

4. — Le droit d'enregistrement des ventes publiques en gros est fixé à 10 c. pour 100 francs. (V. chap. IV.)

5. — Les contestations relatives aux ventes sont portées devant le tribunal de commerce.

---

cidemment dans la loi qui nous occupe, devra modifier le régime actuel et rendre chaque genre d'affaires à ses agents légitimes; et en attendant, nous avons entendu, d'accord avec le Conseil d'Etat, que les attributions actuelles des courtiers ne fussent en ce qui concerne les ventes aucunement diminuées; c'est-à-dire que les ventes publiques volontaires créées par la loi actuelle, se feront par leur ministère, et qu'ils conserveront entiers les droits d'intervention que leur assurent, dans toutes autres ventes, les lois antérieures. »

(**4**). Les ventes doivent être faites suivant les conditions mentionnées dans le décret du 12 Mars 1859, si l'on veut profiter du bénéfice de cet article. L'oubli d'une de ces prescriptions entraînerait un droit plus élevé. V, au chap. IV, la discussion de cette question.

6. — Il est procédé aux ventes dans les locaux spécialement autorisés à cet effet, après avis de la chambre et du tribunal de commerce. (V. art. 20, décret du 12 mars et suivants.)

7. — Un réglement d'administration publique prescrira les mesures nécessaires à l'exécution de la présente loi.

Il déterminera notamment les formes et les conditions des autorisations prévues par l'art. 6. (V. le décret au ch. suivant).

8. — Les décrets du 22 novembre 1811, et du 17 Avril 1812, et les ordonnances des 1ᵉʳ Juillet 1818, et 9 Avril 1819 sont abrogés en ce qui concerne les ventes réglées par la présente loi ; ils sont maintenus en ce qui touche les ventes publiques de marchandises faites par autorité de justice.

Tableau des Marchandises qui peuvent être vendues en gros aux enchères publiques, pour être annexé à la loi du 28 Mai 1858.

1° MARCHANDISES EXOTIQUES.

Denrées Alimentaires, Matières premières nécessaires aux fabriques et tout produit quelconque destiné à la réexportation.

---

(8). V. ces lois à l'appendice.

2° MARCHANDISES INDIGÈNES.

Grains, Graines et Farines.
Légumes secs et Fruits secs.
Cires et Miel.
Sucres bruts.
Laines.
Chanvres et Lins.
Soies.
Racines et produits tinctoriaux.
Huiles.
Vins et Esprits.
Savons.
Produits chimiques.
Cuirs et Peaux bruts.
Poils, Crins et Soies d'animaux.
Graisse, Suifs et Stéarine.
Houille et Coke.
Bois et Matériaux de construction.
Métaux bruts.

CHAPITRE II.

SECTION Iʳᵉ.

*Décret du 12-31 mars 1859, portant réglement d'admi-
nistration publique pour l'exécution des lois du
28 Mai 1858.*

Napoléon, etc.; — Sur le rapport de notre ministre secrétaire d'Etat au département de l'agriculture, du

commerce et des travaux publics; — Vu la loi du 28 mai 1858, sur les négociations concernant les marchandises déposées dans les magasins généraux, et notamment l'art. 14 ainsi conçu : — « Art. 14. Un réglement d'administration publique prescrira les mesures qui seraient nécessaires à l'exécution de la présente loi; » — Vu les art. 6 et 7 de la loi, à la même date, sur les ventes publiques de marchandises en gros, lesdits articles ainsi conçus : — « Art. 6. Il est procédé aux ventes dans les locaux spécialement autorisés à cet effet, après avis de la chambre et du tribunal de commerce. — Art. 7. Un réglement d'administration publique prescrira les mesures nécessaires à l'exécution de la présente loi. » — Il déterminera notamment les formes et les conditions des autorisations prévues par l'art. 6; — Vu l'ordonnance royale du 24 déc. 1839 et la lettre de notre ministre des finances, du 2 fév. 1859; — Notre conseil d'Etat entendu; — Avons, etc.;.

Tir. 1. — *Dispositions communes aux magasins généraux et aux salles de ventes publiques.*

Art. 1. Toute demande ayant pour objet l'autorisation d'ouvrir un magasin général ou une salle de ventes publiques est adressée au ministre de l'agriculture, du commerce et des travaux publics, par l'intermédiaire du préfet, avec l'avis de ce fonctionnaire et celui des corps désignés dans les lois du 28 mai 1858.

Le ministre des finances est consulté lorsque l'établissement projeté doit être placé dans les locaux soumis au régime de l'entrepôt réel, ou recevoir des marchandises en entrepôt fictif.

Les autorisations sont données par décrets rendus sur l'avis de la section des travaux publics, de l'agriculture et du commerce, du conseil d'État.

L'établissement peut être formé spécialement pour une ou plusieurs espèces de marchandises.

2. Toute personne qui demande l'autorisation d'ouvrir un magasin général ou une salle de ventes publiques doit justifier de ressources en rapport avec l'importance de l'établissement projeté.

Les exploitants de magasins généraux ou de salles de ventes publiques peuvent être soumis, pour la garantie de leur gestion, à un cautionnement dont le montant est fixé par l'acte d'autorisation et proportionné, autant que possible, à la responsabilité qu'ils encourent.

Ce cautionnement est versé à la caisse des dépôts et consignations.

3. Les propriétaires ou exploitants sont responsables de la garde et de la conservation des marchandises qui leur sont confiées, sauf les avaries et les déchets naturels provenant de la nature et du conditionnement des marchandises ou de cas de force majeure.

4. Il est interdit aux exploitants de magasins généraux et de salles de ventes de se livrer directement ou indirectement, pour leur propre compte ou pour le compte d'autrui, à aucun commerce ou spéculation ayant pour objet les marchandises.

Ils peuvent se charger des opérations et formalités de douane et d'octroi, déclarations de débarquement et d'embarquement, soumissions et déclarations d'entrée et de sortie d'entrepôt, transferts et mutations;

Des réglements de fret et autres entre les capitaines et les consignataires, sous réserve des droits des courtiers et de leur intervention dans la mesure prescrite par les lois;

Des opérations de factage, camionnage et gabarrage extérieur.

Ils peuvent également se charger de faire assurer les marchandises dont ils sont détenteurs, au moyen, soit de polices collectives, soit de polices spéciales, suivant les ordres des intéressés.

Ils peuvent, en outre, être autorisés à se charger de toutes opérations ayant pour objet de faciliter les rapports du commerce et de la navigation avec l'établissement.

5. Il leur est interdit, à moins d'une autorisation spéciale de l'administration, de faire directement ou indirectement avec des entrepreneurs de transports, sous quelque dénomination ou forme que ce puisse être, des arrangements qui ne seraient pas consentis en faveur de toutes les entreprises ayant le même objet,

Les réglements particuliers prévus par l'art. 9 doivent contenir les dispositions nécessaires pour assurer la plus complète égalité entre les diverses entreprises de transports, dans leur rapport avec chaque établissement.

6. Les exploitants des magasins généraux et des salles de ventes sont tenus de les mettre, sans préférence ni faveur, à la disposition de toute personne qui veut opérer le magasinage ou la vente de ses marchandises, dans les termes des lois du 28 mai 1858.

7. Les magasins généraux et les salles de ventes publiques sont soumis aux mesures générales de police concernant les lieux publics affectés au commerce, sans préjudice des droits du service des douanes, lorsqu'ils sont établis dans les locaux placés sous le régime de l'entrepôt réel, ou lorsqu'ils contiennent des marchandises en entrepôt fictif.

8. Les tarifs établis par les exploitants, afin de fixer la rétribution due pour le magasinage, la manutention, la location de la salle, la vente, et généralement pour les divers services qui peuvent être rendus au public, doivent être imprimés et transmis avant l'ouverture des établissements, au préfet et aux corps entendus sur la demande d'autorisation.

Tous les changements apportés aux tarifs doivent être d'avance annoncés par des affiches et communiqués au préfet et aux corps ci-dessus désignés. Si ces changements ont pour objet de relever les tarifs, ils ne deviennent exécutoires que trois mois après qu'ils ont été annoncés et communiqués comme il vient d'être dit.

La perception des taxes doit avoir lieu indistinctement et sans aucune faveur.

9. Chaque établissement doit avoir un règlement

particulier qui est communiqué à l'avance, ainsi que tous les changements qui y seraient apportés, comme il est dit à l'article précédent.

10. La loi, le présent décret, le tarif et le réglement particulier sont et demeurent affichés à la principale porte et dans l'endroit le plus apparent de chaque établissement.

11. En cas de contravention ou d'abus commis par les exploitants, de nature à porter un grave préjudice à l'intérêt du commerce, l'autorisation accordée peut être révoquée par un acte rendu dans la même forme que cette autorisation, et les parties entendues.

12. Les propriétaires ou exploitants de magasins généraux et de salles de ventes publiques qui veulent céder leur établissement, sont tenus d'en faire d'avance la déclaration au ministre de l'agriculture, du commerce et des travaux publics et de faire connaître le nom du cessionnaire.

Tit. 2. — *Dispositions particulières aux magasins généraux et aux récépissés et warrants.*

13. Les récépissés de marchandises et les warrants y annexés sont extraits d'un registre à souche.

14. Dans le cas où un courtier est requis pour l'estimation des marchandises, il n'a droit qu'à une vacation, dont la quotité est fixée, pour chaque place, par le ministre de l'agriculture, du commerce et des travaux publics, après avis du tribunal de commerce.

15. A toute réquisition du porteur du récépissé et du warrant réunis, la marchandise déposée doit être fractionnée en autant de lots qu'il lui conviendra, et le titre primitif remplacé par autant de récépissés et de warrants qu'il y aura de lots.

16. Tout cessionnaire du récépissé ou du warrant peut exiger la transcription, sur les registres à souches dont ils sont extraits, de l'endossement fait à son profit, avec indication de son domicile.

17. A toute époque, l'administration du magasin général est tenue, sur la demande du porteur du récépissé ou du warrant, de liquider les dettes et les frais énumérés à l'art. 8 de la loi du 28 mai 1858, sur les négociations de marchandises, et dont le privilége prime celui de la créance garantie sur le warrant. Le bordereau de liquidation délivré par l'administration du magasin général relate les numéros du récépissé et du warrant auxquels il se réfère.

18. Sur la présentation du warrant protesté, l'administration du magasin général est tenue de donner au courtier désigné pour la vente par le porteur du warrant, toutes facilités pour y procéder.

Elle ne délivre la marchandise à l'acheteur que sur le vu du procès-verbal de la vente et moyennant : 1° la justification du paiement des droits et frais privilégiés, ainsi que du montant de la somme prêtée sur le warrant; 2° la consignation de l'excédant, s'il en existe, revenant au porteur du récépissé, dans le cas prévu par le dernier paragraphe de l'article 8 de la loi.

19. Outre les livres ordinaires de commerce et le livre des récépissés et warrants, l'administration du magasin général doit tenir un livre à souche destiné à constater les consignations qui peuvent lui être faites en vertu des art. 6 et 8 de la loi.

Tous ces livres sont cotés et parafés par première et dernière conformément à l'art. 11. c. com.

Tit. 3. — *Dispositions particulières aux ventes de marchandises en gros.*

20. Il est procédé aux ventes publiques à la bourse ou dans les salles autorisées conformément au présent décret; toutefois, le courtier est autorisé à vendre sur place dans le cas où la marchandise ne peut être déplacée sans préjudice pour le vendeur, et où, en même temps, la vente ne peut être convenablement faite que sur le vu de la marchandise.

21. Le lieu, les jours, les heures et les conditions de la vente, la nature et la quantité de la marchandise doivent être trois jours au moins à l'avance, publiés au moyen d'une annonce dans l'un des journaux désignés pour les annonces judiciaires de la localité et, en outre, au moyen d'affiches apposées à la bourse, ainsi qu'à la porte du local où il doit être procédé à la vente, et du magasin où les marchandises sont déposées.

Deux jours au moins avant la vente, le public doit être admis à examiner et vérifier les marchandises, et toutes facilités doivent lui être données à cet égard.

22. Avant la vente, il est dressé et imprimé un ca-

talogue des denrées et marchandises à vendre, lequel
porte la signature du courtier chargé de l'opération. Ce
catalogue est délivré à tout requérant.

23. Le catalogue énonce les marques, numéros, nature et quantité de chaque lot de marchandises, les magasins où elles sont déposées, les jours et les heures où
elles peuvent être examinées, et le lieu; les jours et les
heures où elles seront vendues.

Sont mentionnées également les époques de livraison,
les conditions de payement, les tares, avaries et toutes
les autres indications et conditions qui seront la base et
la règle du contrat entre les vendeurs et les acheteurs.

24. Lors de la vente, le courtier inscrit immédiatement sur le catalogue, en regard de chaque lot, les nom
et domicile de l'acheteur, ainsi que le prix d'adjudication.

25. Les lots ne peuvent être, d'après l'évaluation
approximative et selon le cours moyen des marchandises, au-dessous de 500 fr.

Ce minimum peut être élevé ou abaissé, dans chaque
localité, pour certaines classes de marchandises, par
arrêté du ministre de l'agriculture, du commerce et des
travaux publics, rendu après avis de la chambre de commerce ou de la chambre consultative des arts et manufactures.

26. Les enchères seront reçues et les adjudications
faites par le courtier chargé de la vente.

Le courtier dresse procès-verbal de chaque séance sur

un registre coté et parafé, conformément à l'art. 11 c. com.

27. Faute par l'adjudicataire de payer le prix dans les délais fixés, la marchandise est revendue, à la folle enchère et à ses risques et périls, trois jours après la sommation qui lui a été faite de payer sans qu'il soit besoin de jugement.

28. Nos ministres secrétaires d'Etat aux départements de l'agriculture, du commerce et des travaux publics, et des finances, sont chargés, chacun en ce qui le concerne, de l'exécution du présent décret.

SECTION IIe.

Circulaire commentant le décret ci-dessus.

Le ministre de l'agriculture, du commerce et des travaux publics a adressé la circulaire suivante à MM. les préfets, pour l'application du régime nouveau sur les ventes publiques volontaires de marchandises en gros.

Monsieur le préfet, deux lois du 28 mai 1858, l'une sur les négociations concernant les marchandises déposées dans les magasins généraux et l'autre sur les ventes publiques volontaires de marchandises en gros, ont pour but de développer en France des institutions commerciales d'un grand intérêt. — L'utilité de cette nouvelle législation est démontrée jusqu'à l'évidence dans l'exposé des motifs présenté au nom du conseil d'Etat, et dans le double rapport de la commission du Corps législatif. Ces documents remarquables constatent les immenses résultats obtenus en Angleterre par l'usage des warrants délivrés sur les produits déposés dans les magasins connus sous le nom de *Docks* et par l'habitude des ventes publiques. Le procédé ingénieux et simple des warrants permet au propriétaire de la marchandise de l'engager ou de la vendre, de la faire circuler de main en main, à titre d'aliénation ou de nantissement, avec une extrême facilité et sans frais de déplacement ; elle n'est plus, dès lors, entre les mains du producteur ou du négociant une valeur inerte, parce que, momentanément du moins, elle ne peut être vendue qu'au prix d'un sacrifice excessif, mais une valeur toujours active et un moyen de crédit d'une grande efficacité. Quant aux ventes publiques, elles sont non-seulement le complément indispensable du système de crédit constitué par les warrants, mais encore, sous un autre aspect, un précieux avantage pour les propriétaires de marchandises qui peuvent ainsi les écouler dans des conditions de concurrence profitable à tous les intérêts. — Si les deux institutions des warrants et des ventes publiques n'ont obtenu jusqu'à ce jour en France que peu de succès, ce résultat a été attribué principalement aux entraves de la législation qui les régissait ; les pouvoirs publics ont fait de sérieux efforts pour lever ces obstacles et pour doter le commerce français de facilités nouvelles et puissantes. — Les deux lois du 28 mai 1858 se sont bornées à établir les bases et les principales conditions du régime qu'elles avaient en vue, et elles ont chargé le gouvernement de prescrire, par voie de réglement d'administration publique, toutes les mesures nécessaires à leur exécution. Il s'est acquitté de cette mission avec le soin que commandaient les difficultés spéciales de la matière et l'importance du sujet.

Le décret impérial du 12 mars 1859, inséré au *Moniteur* du 28 du même mois, complète le nouveau régime inauguré pour les magasins généraux, les négociations sur les marchandises déposées dans ces magasins et les ventes publiques de marchandises en gros

Voici quelle est l'économie générale de ce réglement : un premier titre comprend les dispositions communes aux ventes publiques et aux magasins généraux, deux autres fixent les règles spéciales à chacune de ces matières.

Tɪᴛ. I. — *Dispositions communes aux magasins généraux et aux salles de ventes publiques.*

Art. 1 et 2. — Les lois de 1858 ayant maintenu, en vue de l'intérêt public, la nécessité d'une autorisation pour les magasins généraux et pour les salles de ventes, le décret règle d'abord tout ce qui concerne la demande, l'instruction à laquelle elle doit être soumise et la forme de l'autorisation. — Vous remarquerez, Monsieur le préfet, que les demandes, pour l'une comme pour l'autre·classe d'établissements, devront à l'avenir être adressées à mon ministère, qui se concertera, lorsqu'il y aura lieu , avec le département des finances. — Il est à peine utile d'ajouter que l'autorisation n'a pas pour but, et ne saurait avoir pour effet, de créer un monopole. C'est ce qui a été parfaitement entendu devant le Corps législatif. — Les établissements existants, pourvu qu'ils aient été créés régulièrement, ne sont pas astreints à se pourvoir d'une nouvelle autorisation ; mais on doit les considérer comme soumis pour leur fonctionnement aux règles établies par les lois de 1858 et par le décret impérial du 12 mars 1859 qui·en fait des établissements privés surveillés par l'administration. Je vous prie, d'ailleurs, de m'adresser le plus tôt possible un rapport spécial sur la situation actuelle de ces établissements. Je désire également être tenu au courant du mouvement qui se produira sous l'influence de la nouvelle législation. Je vous prie donc de réclamer, pour me le transmettre, avec vos observations, s'il y a lieu, un état mensuel indiquant la nature, la quantité et la valeur des marchandises déposées ou vendues, et, pour les marchandises déposées, les quantités, natures et valeurs de celles qui ont été l'objet de prêts sur warrants.

Art. 3 à 10. — Ces dispositions sont relatives à la gestion des établissements et aux précautions générales prises pour sauvegarder les intérêts du public. — Il était utile de rappeler la responsabilité qui, d'après les principes généraux du droit, incombe à l'exploitant pour la garde et la conservation des marchandises ; mais il fallait, en même temps, stipuler à son égard les obligations et les prohibitions particulières jugées indispensables pour assurer à tous les intérêts une juste égalité de traitement et pour prévenir des abus faciles à prévoir dont la possibilité seule alarmait le commerce. — Il lui est défendu, par l'art. 4, de se livrer, directement ou indirectement, pour son compte ou pour le compte d'autrui, à aucun commerce ou à aucune spéculation ayant pour objet les marchandises. Les expressions du réglement montrent l'importance que l'on attache à ce principe, mais l'on a dû nécessairement admettre de droit, pour l'exploitant, des facultés sans danger pour le commerce, et qui sont les accessoires naturels de l'entreprise. Les exploitants pourront, en conséquence, se charger des opérations et formalités de douane et d'octroi, déclarations de débarquement et d'embarquement, soumissions et déclarations d'entrée et de sortie d'entrepôt, transferts et mutations ; — des réglements de fret et autres entre les capitaines et les consignataires, sous réserve des droits des courtiers ; — des opérations de factage, camionnage et gabarrage extérieur ; — de l'entremise pour l'assurance des marchandises contre l'incendie. — Le réglement ajoute qu'ils peuvent, en outre, être autorisés à se charger de toutes les opérations ayant pour objet de faciliter les rapports du commerce et de la navigation avec l'établissement. Cette disposition permettra d'étendre, en tant que l'intérêt public n'y sera pas contraire,

les facultés accordées aux exploitants ; mais, ni dans ses termes, ni dans son esprit, elle ne résout la question de savoir
s'ils pourront être autorisés à prêter sur warrants, question
qui a été entièrement réservée. — Le décret pourvoit également à ce que, à moins d'une autorisation de l'administration,
les exploitants ne fassent *directement* ou *indirectement*, avec
les entrepreneurs de transport, *sous quelque dénomination ou
forme que ce puisse être*, des arrangements qui ne seraient pas
consentis avec toutes les entreprises ayant le même objet. —
La surveillance indiquée à l'art. 7, n'exclut pas la faculté d'en
créer une spéciale pour les établissements d'une importance
exceptionnelle. — Je dois me concerter avec le département
des finances pour ce qui concerne les locaux placés sous le
régime de l'entrepôt réel ou qui contiendraient des marchandises en entrepôt fictif, et vous recevrez ultérieurement les
instructions particulières qui pourraient être nécessaires à ce
sujet. — Les exploitants doivent avoir un tarif et un règlement particulier qui fixeront principalement la rétribution due
pour le magasinage, la manutention, la location de la salle, la
vente et généralement pour les divers services qui peuvent
être rendus au public. Ces actes ne sont pas soumis à l'approbation de l'autorité. On a craint de donner lieu à une intervention trop directe de l'administration dans la gestion
d'un nombre plus ou moins considérable d'entreprises pri-
vées, et, pour certains cas, de rencontrer de trop grandes
difficultés d'appréciation. On a espéré que la possibilité de la
concurrence et l'intérêt bien entendu des exploitants prévien-
draient des conditions trop onéreuses au public. Mais le décret exige l'admission des marchandises sans préférence ni
faveur pour personne, la publicité des tarifs et réglements,
ainsi que l'égalité dans la perception des taxes, et il s'oppose
aux changements qui auraient pour objet de relever les tarifs avant l'expiration d'un délai suffisant pour empêcher

les combinaisons abusives ou les surprises qui auraient pu être tentées à cet égard.

— L'art. 11 arme, du reste, le gouvernement d'un droit de révocation de l'autorisation, dont il userait à regret, mais sans hésiter, si, malgré les précautions qui précèdent, on avait à se plaindre de contraventions ou d'abus commis par les exploitants, et de nature à porter un grave préjudice à l'intérêt du commerce. L'art. 12, qui termine ce titre, impose aux exploitants une obligation fort simple qui se justifie par les besoins de la surveillance : c'est en cas de cession d'en faire la déclaration d'avance à mon ministère et de faire connaître le nom du cessionnaire

Tɪᴛ. II. — *Dispositions particulières aux magasins généraux et aux récépissés et warrants.*

Art. 13. — D'après les articles 1 et 2 de la 1ʳᵉ loi du 28 Mai 1858, les récépissés délivrés aux déposants doivent énoncer leurs noms, profession et domicile, la nature de la marchandise déposée, ainsi que les indications propres à en établir l'identité et à en déterminer la valeur; de plus, à chaque récépissé est annexé un warrant. Le réglement n'ajoute ici qu'une condition, dont l'utilité se démontre d'elle-même : c'est que ces titres soient extraits d'un registre à souche. L'administration du magasin général peut leur donner, quant au reste, la forme qui lui paraîtra la plus convenable.

Art. 14. — La nécessité d'une expertise n'existe plus; mais l'expertise peut, dans certains cas, être désirée par les parties elles-mêmes; on a donc jugé utile de la faciliter en décidant que les courtiers requis devront y procéder moyennant un simple droit de vacation dont la quotité doit être réglée par mon département, après avis du tribunal de commerce.

Art. 15, 16, 17 et 18. — Ces dispositions complètent, en ce qui concerne les exploitants de magasins généraux, l'ensemble des obligations qui doivent découler de leur mandat, ou qu'il a paru essentiel de leur imposer dans l'intérêt du commerce et du public. Ainsi, le fractionnement de la marchandise en plusieurs lots est souvent indispensable pour qu'elle puisse être engagée ou vendue dans des conditions convenables. D'autre part, il peut être utile aux intéressés, notamment dans les cas prévus par les art. 6 et 8, § 2, de la 1re loi, que le cessionnaire du récépissé ou du warrant ait donné connaissance de l'endossement fait à son profit, et de son domicile ; or, l'administration du magasin général était naturellement indiquée pour recevoir et fournir ce renseignement. On comprend aussi combien il importera souvent, pour rendre les négociations faciles, ou même seulement possibles, que l'administration des magasins, sur la demande du porteur du récépissé ou du warrant, liquide les dettes et frais dont le privilége prime celui de la créance garantie par le warrant. Enfin, lorsque ce titre vient à être protesté, la même administration doit donner au courtier toutes les facilités nécessaires pour procéder à la vente; seulement, pour sauvegarder tous les intérêts, elle ne peut délivrer la marchandise à l'acheteur que sur le vu du procès-verbal, et moyennant les formalités prescrites par l'art. 18 du décret. Cette consignation, et celle qui résulte de l'art. 6 de la même loi ont paru, du reste, à cause de la nature de l'opération et de la surveillance qu'elle peut exiger, devoir être constatées sur un registre spécial qui est prescrit par l'art. 19 du réglement.

Tit. III. — *Dispositions particulières aux ventes publiques de marchandises en gros.*

Art. 20. — Vous remarquerez, Monsieur le préfet, que

les salles autorisées ne sont pas les seuls lieux où l'on ait le droit de procéder aux ventes publiques de marchandises dans les conditions de la 2° loi ; elles peuvent, en effet, continuer à être faites dans les bourses de commerce, et il était évidemment nécessaire de prévoir le cas où la marchandise ne saurait être déplacée sans préjudice pour le vendeur, et où, en même temps, la vente ne peut être convenablement opérée que sur le vu de la marchandise.

Art. 21, 22 et 23. — Les ventes publiques volontaires, sans cesser d'être commerciales, devaient être, dans l'intérêt du vendeur et des tiers, précédées de formalités qui assurassent la publicité et la loyauté de l'opération. Les dispositions du réglement offrent à cet égard toutes les garanties nécessaires. Le lieu, les jours, les heures et les conditions de la vente, la nature, la quantité de la marchandise seront trois jours à l'avance publiés dans l'un des journaux désignés pour les annonces judiciaires, et, en outre, au moyen d'affiches apposées à la bourse, ainsi qu'à la porte du local où il doit être procédé à la vente et du magasin où les marchandises sont déposées. Deux jours au moins avant la vente, le public doit être admis avec toutes les facilités à les examiner et vérifier. Enfin, un catalogue signé par le courtier, imprimé et délivré à tout requérant, donnera en détail tous les renseignements désirables, non-seulement sur la marchandise, le lieu, les jours, les heures où elle pourra être visitée et où elle sera vendue, mais encore sur les époques de livraison, les conditions de paiement, les tares, les avaries et toutes les autres indications et conditions qui seront la règle du contrat entre les vendeurs et les acheteurs. Parmi ces conditions, pourra se trouver celle de l'adjudication même sur une seule enchère ; mais, si rien n'est expliqué à cet égard, il a été entendu que le vendeur conserverait la faculté de retirer sa marchandise, tant qu'elle n'aura pas été adjugée

Art. 24, 25 et 26. — Lors de la vente, le courtier inscrira immédiatement sur le catalogue, en regard de chaque lot, le nom et le domicile de l'acheteur, ainsi que le prix d'adjudication ; mais quel devait être le minimum de ces lois pour que l'opération conservât le titre de vente en gros? C'était un des points les plus importants que la loi laissât à décider au réglement d'administration publique. Ce réglement l'a résolu d'une manière aussi pratique et aussi satisfaisante que possible, en disposant : 1° que les lots ne peuvent être, d'après l'évaluation et le cours moyen des marchandises, au-dessous de 500 fr. ; — 2° que ce minimum peut être élevé ou abaissé, dans chaque localité, pour certaines classes de marchandises, par arrêté du ministre, rendu après avis de la chambre de commerce ou de la chambre consultative des arts et manufactures ; — le mode de constatation de la vente et de la revente sur folle enchère, s'il y a lieu, est, du reste, aussi simple que possible et s'explique de lui-même. — Enfin, vous savez que, d'après l'art. 3 de la loi du 28 mai 1858, vous avez à m'adresser sans délai vos propositions, avec l'avis de la chambre et du tribunal de commerce, pour la fixation d'un courtage modéré dans chaque localité. — Veuillez, Monsieur le préfet, appliquer les présentes instructions, etc.

--------◦◦◦◦--------

CHAPITRE III.

Enregistrement et Timbre des récépissés et warrants. — Registres, etc. (1)

Récépissés et Warrants. — Nous avons vu aux articles 1er et 2 de la première loi de 1858, que des récépissés

---

(1) V. Instruction de la Direction générale de l'Enregistrement et des Domaines, n° 2149. — V. aussi Exp. n° 17.

sont délivrés aux négociants et industriels qui déposent aux magasins généraux des marchandises et produits, et qu'à chaque récépissé de marchandises est annexé, sous la dénomination de warrant, un bulletin de gage contenant les mêmes mentions que le récépissé. — D'après l'art. 13 du décret du 12 mars 1859, rapporté au chapitre précédent, ce récépissé et ce warrant sont extraits d'un registre à souche.

ENREGISTREMENT. — Tant que le récépissé reste dans les mains du déposant, il n'est réellement qu'un certificat de propriété ; quand il est transféré à un cessionnaire, il lui confère *le droit de disposer* de la marchandise, en d'autres termes il équivaut, pour ce dernier, à un ordre de livraison.

L'administration de l'Enregistrement et des Domaines, pense que « le récépissé, lorsqu'il fait l'objet d'un transfert, *revêt le caractère d'un acte de vente*. » L'administration va trop loin à mon avis, et j'aurais certainement préféré les termes de l'Exposé des motifs qui réservent la question. Ce document s'exprime ainsi : « Le récépissé entre les mains du déposant est un certificat de propriété ; *s'il est transmis, il vaut habituellement vente*. » L'appréciation trop exclusive de l'administration de l'Enregistrement et des Domaines, pouvant engendrer un abus fiscal assez grave, si le droit fixe du récépissé faisait place, quelque jour, à un droit proportionnel, il peut être utile de la relever ici. Sans doute, à ne considérer que les apparences, la transmission du récépissé *revêt* le caractère d'un acte de vente ; mais doit-on s'arrêter aux indices matèriels, et ne convient-il pas, au contraire, d'apprécier la convention dans son fondement et sa raison juridiques avant de qualifier l'acte qu'elle revêt ? L'endossement du récépissé aura très-certainement dans beaucoup de cas pour effet de transférer la propriété de la marchandise ; mais telle n'est pas sa conséquence légale et forcée. La remarque en a d'ailleurs été faite au Corps législatif, par M. Ancel, rapporteur de la loi, et elle a été faite en ces termes :

« L'honorable M. Bresson proposait de dire à l'art. 4. « L'endossement du récépissé transmet au cessionnaire la propriété de la marchandise » au lieu de « le droit de disposer de la marchandise. » Votre commission a maintenu la rédaction du projet du gouvernement, *en raison même de son élasticité.* Elle croit que le récépissé doit pouvoir être transféré à un autre titre que celui de vente ; à titre de mandat par exemple, pour vendre ou pour retirer la marchandise. Les mots *droit de disposer*, nous ont paru réserver tous les droits, et rendre complétement la pensée de la loi, qui veut surtout faciliter la circulation de la marchandise. »

L'endossement du récépissé ne préjuge donc en rien le caractère du contrat; ni la qualité du cessionnaire. Il est possible qu'il soit devenu propriétaire en vertu d'une vente; peut-être aussi ne l'est-il pas. L'endossement du récépissé n'est que l'exécution d'un contrat préexistant. Qu'on prenne connaissance de ce contrat: il dira quelle est la qualité du cessionnaire, en montrant quel est son titre. Si les conditions de ce contrat sont contestées, elles seront établies en la manière usitée en matière commerciale, savoir par les livres ou la correspondance.

Jusqu'au moment où l'on pourra connaître les conditions de ce contrat préexistant, il sera téméraire de qualifier l'endossement qui en est la suite et l'exécution, et qui jusque là sera toujours une formule muette.

Les récépissés et warrants ne seront assujettis à la formalité de l'enregistrement, que quand on voudra en faire usage. (L. 22 Frimaire an VII, art. 23). Ainsi, il n'y a point de délai de rigueur pour l'enregistrement de ces écrits, mais il ne pourra en être fait usage, par acte public, ou en justice, ou devant toute autre autorité constituée, qu'ils n'aient été préalablement enregistrés. Le Récépissé est soumis à un droit de 1 franc, le warrant à un droit proportionnel de 50 centimes par cent francs. (Art. 13.)

Timbre. — Le récépissé rentre dans la classe des actes assujettis au timbre de dimension par l'art. 12 de la loi du 13 Brumaire an VII, qui astreint à cette formalité tous actes et écritures, extraits, etc., soit publics soit privés devant ou pouvant faire titre, ou être produits pour obligation, décharge, justification, demande ou défense. (Art. 12, § 1er.).

Le timbre sera apposé, préalablement à la rédaction du récépissé sur la souche et sur le talon, conformément aux art. 16 et 28 de la loi du 5-14 Juin 1850, qui portent que « les titres ou certificats d'actions seront tirés d'un registre à souche : le timbre sera apposé sur la souche et le talon..... » (1)

Le warrant tant qu'il n'est pas transmis séparément du récépissé (2) n'a aucun rôle qui l'assujettisse à un droit de timbre; mais par sa négociation au profit de celui qui reçoit la marchandise en gage pour garantie de la somme qu'il avance, et qui jouit de la faculté de la transférer lui-même par endossement, il devient un véritable effet de commerce, et comme tel, il est évidemment du nombre des actes que l'art. 1er de la loi du 5 Juin 1850 assujettit au timbre proportionnel de 50 centimes par 1,000 francs. Il n'y a pas de raison pour le traiter, au point de vue de l'impôt, plus favorablement qu'un effet de commerce ordinaire. Le timbre proportionnel ne pouvant être apposé sur les warrants, puisque ces actes ne deviennent sujets au timbre que par leur séparation des récépissés, sera remplacé par un visa pour timbre donné avant le premier endossement.

Endossements. — Les endossements des récépissés et des warrants sont exempts de l'enregistrement.

« Exempts de la formalité de l'enregistrement, les » endossements et acquits de ces effets (lettres de change) » et les endossements et acquits des billets à ordre et autres effets négociables. » (L. du 22 Frimaire an VII, art. 70 § 3, n° 15.)

Livres et Registres des Magasins Généraux. — Outre

---

(1). V. Cette loi à l'appendice, 1re partie.
(2). V. Exp. des motifs n° 17.

la tenue des livres de commerce prescrite par les art. 8 et suiv. du cod. de com. à tout commerçant et qui comprend :

1° Le livre-journal ;
2° Le livre des copies de lettres ;
3° Le livre des inventaires ;

Les propriétaires ou exploitants de magasins généraux sont encore obligés de tenir :

4° Un registre spécial pour les récépissés et les warrants ;

Et 5° un livre à souche destiné à constater les consignations qui peuvent être faites à l'administration des magasins généraux, en vertu des art. 6 et 8 de la loi.

Tous ces livres seront cotés, paraphés et visés, soit par un des juges du tribunal de commerce, soit par le maire ou un adjoint dans la forme ordinaire et sans frais. (Art. 11, cod. com.)

Pour assurer le paiement des droits de timbre, l'art. 13 de la loi oblige les dépositaires de ces registres à les communiquer aux préposés de l'Enregistrement à toute réquisition. Cet article les assimile aux dépositaires des registres de l'état-civil, et autres, qui aux termes de l'art. 54 de la loi du 22 Frimaire, an VII, sont tenus de les communiquer aux dits préposés, et de leur laisser prendre, sans frais, les renseignements, extraits et copies qui leur seront nécessaires pour les intérêts de l'E-tat, sous peine d'une amende réduite à dix francs par l'art. 10 de la loi du 16 Juin 1824, pour refus constaté par procès-verbal du préposé, qui devra se faire accompagner du maire ou de l'adjoint de la commune (art. 52 même loi), chez les dépositaires qui auront fait refus.

La souche et le talon des registres seront timbrés, comme on l'a ci-dessus fait observer, avant la rédaction du récépissé.

Les dépositaires du registre se rappelleront, qu'il leur est interdit par l'art. 13, de transcrire ou de mentionner, sur les registres du magasin, l'endossement d'un warrant non visé pour timbre, sous peine contre l'administration du magasin, d'une amende égale au montant du droit auquel le warrant est soumis.

Cette amende, ainsi que le fait remarquer l'instruction, est indépendante du droit de timbre et des amendes proportionnelles exigibles en vertu des articles 4 et 6 de la loi du 5 Juin 1850, à raison du défaut de visa pour timbre du warrant séparé du récépissé. (1)

La formule de chaque récépissé de sommes consignées devra être timbrée avant d'être remplie. (2) L'empreinte sera apposée, tant sur la souche que sur le talon, et le récépissé qui sera détaché du registre, donnera lieu, lorsqu'il en sera fait usage, savoir : au droit de libération (50 centimes pour cent francs, Frimaire an VII, art. 69), si la consignation a été faite par le porteur du récépissé de dépôt de marchandises ; au droit de 2 francs

---

(1) **V. loi du 5-14 Juin 1850 sur le timbre des effets de commerce, bordereaux, actions, etc., à l'appendice 1re partie.**

(2) **V. Instruction.**

fixe, si elle a été faite par le courtier (L. 28 avril 1816, art. 43), dans le cas prévu par l'art. 8 de la loi.

FRACTIONNEMENT DE LA MARCHANDISE EN LOTS, AU POINT DE VUE FISCAL. — L'art. 15 du décret porte que la marchandise déposée, doit, à toute réquisition du porteur du récépissé et du warrant réunis, être fractionnée en autant de lots qu'il lui conviendra.

Le récépissé primitif disparaît alors, et est remplacé par autant de récépissés et de warrants qu'il y aura de lots. Les dispositions de l'art. 13, qui sont exposées et commentées ci-dessus, s'appliquent nécessairement à ces titres nouveaux, puisqu'ils représentent seuls, les récépissés, la propriété; et les warrants, le nantissement de la marchandise ainsi fractionnée, et que le titre primitif a été détruit.

BORDEREAU DE LIQUIDATION. — Le bordereau de liquidation dont parle l'art. 17 du décret du 12 Mars, doit être écrit sur papier au timbre de dimension, et s'il en est fait usage par acte public, en justice ou devant toute autre autorité constituée, il devra être soumis à l'enregistrement. (L. 22 Frimaire an VII, art. 23.)

CHAPITRE IV.

*Des Ventes publiques volontaires de mar-
chandises en gros d'après la loi nouvelle. — Enregistrement. — Attributions
et obligations des Courtiers. — Lois qui
leur donnent le droit de procéder aux
diverses ventes publiques.*

Les ventes nouvelles qualifiées de ventes publiques
volontaires en gros, et aux enchères, présentent deux
importantes modifications ; elles sont d'abord affranchies
de l'autorisation exigée par les lois anciennes, et dès lors
tout négociant ou industriel peut y procéder quand bon
lui semble. (Art. 1er.) — En second lieu, le droit d'enregistrement de ces ventes est réduit à 10 centimes pour
cent francs. (Art. 4.)

Pour profiter de cette réduction, il faut opérer suivant les conditions déterminées par la loi et le décret.

Ainsi, il est nécessaire : 1° Que la marchandise à vendre soit l'une de celles que le législateur a comprises
dans le tableau annexé à la loi de 1858 ; (Art. 1er. — V.
le tableau à la suite de la 2me loi, chap. 1er.)

2° Qu'il soit procédé à ces ventes dans un des lieux
désignés par le décret du 12 Mars. (Art, 20.)

3° Que les lots, d'après l'évaluation approximative, et
selon le cours moyen des marchandises, ne soient pas
au-dessous de 500 francs, à moins que ce minimum ne
soit élevé ou abaissé par le ministre du commerce,

après avis de la chambre de commerce ou de la chambre consultative des arts et manufactures.

Lorsqu'il aura été procédé à une vente, en dehors des prescriptions de la loi, le droit à percevoir sera de 2 francs pour cent francs.

Ce droit primitif de 2 francs avait été réduit à 50 centimes par cent francs, par l'art. 74 de la loi du 15 Mai 1818, ainsi conçu : « Le droit d'enregistrement des ventes d'objets mobiliers fixé à *deux pour cent* par l'art. 61 de la loi du 22 Frimaire an VII, est réduit à *cinquante centimes* par cent francs, pour les ventes publiques de marchandises qui conformément au décret du 17 Avril 1812, seront faites à la bourse et aux enchères, par le ministère des courtiers de commerce, d'après l'autorisation du tribunal de commerce. »

Mais le décret du 17 Avril 1812, rendu en exécution du décret du 22 Novembre 1811, établissait sur les ventes publiques un système presque complet, lequel modifié par les ordonnances des 1er Juillet 1818 et 9 Avril 1819, servit évidemment de matière aux travaux du législateur de 1858 et de fondement à ses lois. (1)

Or, l'article 74 de la loi du 15 Mai 1818 se rattache à la législation fondée par les décrets de 1811 et de 1812. Il est la loi du système, en ce qui touche l'enregistrement. Il subsiste au même titre après les ordonnances des 1er Juillet 1818 et 9 avril 1819, qui s'y réfèrent même expressément et il tombe enfin avec le système,

---

(1) V. actes législatifs à l'appendice, première section.

fondu tout entier dans une loi nouvelle, plus générale et plus complète.

L'article 74 est donc implicitement abrogé par la deuxième loi de 1858, et dès lors les ventes publiques faites en dehors des conditions déterminées par cette loi, seront passibles d'un droit de 2 francs pour 100 fr., conformément à l'article précité de la loi du 22 Frimaire an VII.

Mais que décider dans le cas où un vendeur divise sa marchandise en lots supérieurs à 500 francs et en lots inférieurs à cette somme? Ce droit de 2 % portera-t-il sur toute la vente ou seulement sur les lots inférieurs à 500 francs ? Il portera seulement sur ces derniers.

L'art. 25 du décret dit que « les lots ne peuvent être, » d'après l'évaluation approximative, et selon le cours » moyen des marchandises, au-dessous de 500 francs. » Qu'est-ce à dire ? Que, pour jouir de la réduction de droit accordée par la loi nouvelle, le vendeur doit faire des lots au-dessus de 500 francs, et qu'il en profitera pour tous les lots ainsi formés, Cela veut dire encore que, pour les lots inférieurs à 500 francs, ce vendeur ne pourrait profiter de la modération des droits, puisqu'en établissant les lots dans cette condition, il a montré qu'il entendait, en ce qui concerne ces lots, renoncer au bénéfice de la loi de 1858.

Evidemment, tout vendeur a le droit de vendre telles marchandises conformément à la loi nouvelle, et telles autres marchandises suivant l'ancienne. Or, appliquer à toute la vente le droit dont quelques lots sont passibles, ne serait-ce pas enlever à ce vendeur une faculté qu'il tient de la loi ?

Mais, dit-on, aux termes de la loi du **22 Pluv.** an VII, art. 6, le droit se perçoit sur le montant des sommes que contient cumulativement le procès-verbal : l'on ne peut donc pas scinder le procès-verbal, et le droit de 2 °/₀ sera perçu sur le tout. Je réponds qu'il est assez fréquent de voir des marchandises soumises à des droits diffé-rents, et par exemple, des marchandises neuves assujetties au droit de 50 cent. pour 100 francs et des marchandises vieilles à celui de 2 °/₀ vendues par procès-verbal collectif. Rien n'empêche de procéder de la même manière dans un cas tout à fait analogue et de percevoir 10 cent. par 100 francs sur le montant des prix cumulés des lots supérieurs à 500 francs, et pour lesquels le vendeur a entendu profiter de la modération des droits, et 2 °/₀ sur le montant du prix des lots établis en-dehors de la loi nouvelle, c'est-à-dire inférieurs à la somme de 500 francs. (1)

L'art. 2 de la loi soumet les courtiers à toutes les dispositions de la loi du 22 pluviôse an VII, concernant les ventes publiques de meubles.

Voici les principales dispositions de cette loi :

Déclaration préalable de la vente publique au bureau de l'enregistrement dans l'arrondissement duquel la vente doit avoir lieu. Cette déclaration contient les nom, qualité, domi-

---

(1) **L'administration de l'enregistrement a résolu la question en** ce sens, dans sa décision du 26 Septembre 1859, intervenue depuis la première édition de ce livre.

elle du courtier. Elle indique le lieu et le jour de la vente,
etc., (art. 2 et 3.) et est signée par le courtier.

*Copie de la déclaration en tête du procès-verbal de vente —
Clôture du procès-verbal. — Signature. (art. 5.) — Enregistrement du procès-verbal au bureau qui aura reçu la déclaration, le tout sous peine d'amende. (art. 6).* Les courtiers ont
quatre jours pour cet enregistrement. (art. 20. L. 22 frimaire an VII.) — Sous peine d'un droit en sus, minimum, 10
francs. (1)

Les courtiers ont encore à remarquer les dispositions
du décret du 12 Mars, en ce qui concerne :

Les *annonces* et *affiches,* que l'art. 21 prescrit avant
la vente ;

L'*admission du public* à tout examen et vérification
des marchandises deux jours au moins avant la vente ;
(même art.)

Le *catalogue,* dont s'occupent les art. 22, 23 et 24, et
qui présente dans un tableau synoptique toutes les indications désirables pour les acheteurs. L'obligation
pour les courtiers de porter sur le catalogue l'estimation des lots mis en vente, semble résulter de l'art. 25.
Ils feront bien de se soumettre à cette formalité. (Spé-
cimen de catalogue à l'appendice, 2ᵉ partie.) Cette pièce
est exempte du timbre en vertu de l'art. 12 de la loi du
23 Juin 1857. L'exemplaire sur lequel le courtier inscrit les nom et domicile de l'acheteur, ainsi que le prix
d'adjudication, jouit de la même exemption ;

Enfin, la *revente à la folle enchère* de la marchandise,

___

(1) V. modèle de procès-verbal de vente à l'appendice 2ᵉ partie.

faute par l'adjudicataire de payer le prix dans les délais fixés, et cela à ses risques et périls, trois jours après la sommation qui lui aura été faite de payer, sans qu'il soit besoin de jugement.

Les adjudications à folle enchère sont soumises au droit fixe de trois francs, lorsque le prix n'est pas supérieur à celui de la précédente adjudication, et que celle-ci a été enregistrée (L. 22 frimaire, an VII, art. 68, § 1er, n° 8. — L. 28 avril 1816-44 1°).

Si le droit de la précédente adjudication a été acquitté, et que le prix de la revente soit plus élevé que celui de la vente, le droit à percevoir ne portera que sur la différence en excédant.

Ce droit sera de 10 cent. pour 100 fr., lorsque cette seconde adjudication sera faite suivant les prescriptions de la loi nouvelle, et de 2 fr. pour 100 dans le cas contraire.

Le droit de procéder aux ventes publiques volontaires a été, comme on l'a vu, attribué aux courtiers, et avec raison, puisque seuls, parmi les officiers chargés des ventes, ils possèdent les connaissances spéciales qu'exigent ces opérations.

Le lecteur va voir comment cette question a été appréciée au Corps législatif :

« La législation sur les courtiers, dit l'exposé des motifs, telle qu'elle a été interprétée par la Cour de cassation, ne leur permet pas de procéder à la vente publique des marchandises, en dehors du mur d'enceinte de la ville où ils sont établis ; elle ne leur permet même pas d'y procéder à la Bourse, sur échantillon, lorsque les marchandises d'où ces échantillons sont extraits, sont déposées dans des magasins situés hors du mur d'enceinte. Dans ce cas, les commissaires-priseurs, les huissiers ou les greffiers ont seuls qualité pour faire la vente. Cette jurisprudence nuit sérieusement aux ventes, sous un double rapport. Les frais sont plus considérables, les droits du commissaire-priseur étant de 6 p. 100, tandis que ceux du courtier ne sont que de 1 p. 100. De plus, le courtier connaît la marchandise, et est en rapport habituel avec ceux qui l'achètent. Il n'en est pas de même des commissaires-priseurs ou greffiers, qui ne se livrent pas habituellement à ces sortes d'opérations. Il était donc favorable aux ventes publiques, d'autoriser les courtiers établis dans une ville, où siége un tribunal de commerce, à procéder à ces ventes, dans tout le ressort de ce tribunal, à moins, bien entendu, qu'il n'existe une autre compagnie de courtiers dans la localité où a lieu la vente. »

Le rapporteur, M. Ancel, fit, à son tour, les remarques suivantes :

« L'art. 3 du projet dit que le droit de courtage pour les ventes qui font l'objet de la loi, sera fixé par le ministre du commerce, et que dans aucun cas il ne pourra excéder le droit établi dans les ventes de gré à gré pour les mêmes marchandises. Ces dispositions sont essentiellement conformes au caractère commercial de la loi. Votre commission aurait désiré qu'elles fussent étendues aux ventes ordonnées par la justice consulaire , comprenant les marchandises portées au tableau, ainsi que les navires. Des amendements réclamant cette extension, ont été proposés par vos honorables collègues, MM. Arman, Curé, Javal et le baron Roguet. Les chambres de commerce de Bordeaux, du Havre, de Marseille, se sont vivement associées à cette demande. MM. les commissaires du gouvernement ont été frappés comme vous des considérations de compétence et d'économie qui militent en faveur de l'emploi des courtiers. On sait en effet que les droits du commissaire-priseur sont de 6 p. 100, tandis que ceux du courtier ne s'élèvent qu'à 1 p. 100. Ainsi les frais d'une vente judiciaire grèvent à la fois d'une perte qui pourrait être évitée, le débiteur malheureux et ses créanciers. Les commissaires-priseurs ne sont pas d'ailleurs en rapports habituels avec ceux qui achètent les marchandises portées au tableau, ou les navires, et ils n'ont pas naturellement les connaissances que réclame ce genre d'affaires. *Nous croyons qu'une disposition législative que le Conseil d'Etat n'a pas cru devoir introduire incidemment dans la loi qui nous occupe, devra modifier le régime actuel, et rendre chaque genre d'affaires à ses agens légitimes ;* et en attendant, nous avons entendu, d'accord avec le Conseil d'Etat, que les attributions actuelles des courtiers, ne fussent, en ce qui concerne les ventes, aucunement diminuées; c'est-à-dire que les ventes publiques volontaires créées par la loi actuelle se feront par leur ministère, *et qu'ils conserveront entiers les droits d'intervention que leur assurent dans toutes autres ventes, les lois antérieures. Le*

Conseil d'Etat a donc admis que les lois, décret et ordonnances énoncés dans l'art. 8, et dont l'abrogation aurait réduit les attributions des courtiers, resteront maintenues en ce qui touche les ventes publiques de marchandises faites par autorité de justice.

S'il en eut été autrement, le commerce se trouverait privé de l'intervention des courtiers dans plusieurs cas très usuels, et le projet de loi produirait pour les ventes publiques non-volontaires, un résultat inverse et bien contraire à son esprit, ainsi que le fait remarquer justement M. le baron Roguet dans son amendement. »

Il faut rapprocher de cette matière, la loi du 25 Juin 1841 sur les ventes aux enchères de marchandises neuves. (1).

Etablie pour mettre un terme aux débats de diverses classes d'officiers publics, cette loi fixe avec précision les attributions des courtiers et des commissaires-priseurs, entre lesquels principalement la lutte avait été opiniâtre, et détermine les cas dans lesquels il y a lieu de faire un choix entre eux.

L'enregistrement des ventes faites conformément aux décrets et ordonnances maintenus par l'art. 8 de la 2ᵉ loi, sera de 50 centimes p. 100.

En effet, l'art. 74 de la loi du 15 Mai 1818 sans application en matière de ventes publiques volontaires, reste en vigueur en ce qui touche les ventes faites par autorité de justice.

___

(1) Lire cette loi à l'appendice.

4

Cet article fait partie du système de lois que le législateur a tenu à conserver, et cela est si vrai que l'art. 6 de la loi du 25 Juin 1841 cite la loi du 15 Mai 1818, parmi les ordonnances et décrets ci-dessus mentionnés, à propos des attributions que ces diverses lois conféraient aux courtiers.

On appliquera encore cet art. 74 dans le cas des ventes après cessation de commerce, ou dans les autres cas de nécessité dont le tribunal de commerce est juge, quand l'officier public chargé de vendre sera un courtier, et qu'il fera la vente à la Bourse ou ailleurs, après avoir obtenu l'autorisation du tribunal de commerce.

En conséquence ces ventes paieront un droit de 50 cent. par 100.

La loi du 25 Juin 1841 s'occupant des ventes après faillite, il est bon d'ajouter ici que les ventes de meubles et de marchandises dépendant des faillites, faites publiquement ou même à l'amiable par les syndics, sont assujettis au droit de 50 cent. p. 100. L. 24 Mai 1834. Art. 12.

CHAPITRE V.

De l'autorisation d'ouvrir un Magasin général ou une Salle de Ventes Publiques.

Les lois du 28 Mai contiennent les dispositions suivantes :

« Ces magasins sont ouverts, les chambres de commerce

ou consultatives des Arts et Manufactures entendues, avec l'autorisation du Gouvernement, et placés sous sa surveillance. » (1re loi, Art. 1.)

« Il est procédé aux ventes dans les locaux spécialement autorisés à cet effet, après avis de la chambre et du tribunal de commerce. » (2e loi. Art. 6.)

Les articles 1 et 2 du décret du 12 Mars (cité au chap. II) expliquent ces dispositions, et l'article 11 du même décret complète le système, en donnant à l'administration supérieure le droit de révoquer l'autorisation en cas de contravention ou d'abus commis par les exploitants.

La révocation interviendra par un acte rendu dans la même forme que cette autorisation, c'est-à-dire par un décret, et *les parties entendues.*

Voici les productions à joindre aux demandes en autorisation :

Avis de la chambre de commerce ou de la chambre consultative des arts et manufactures, s'il s'agit d'un magasin général ; et de la chambre de commerce, s'il s'agit d'une salle de vente.

Avis du préfet dans tous les cas.

Ces avis doivent porter sur les questions suivantes :

1° Quelles sont la solvabilité et la moralité des postulants ?

S'il s'agit d'une société, en produire les statuts ;

S'il s'agit d'une société anonyme, se conformer aux lois et instructions sur la matière ;

S'il s'agit d'une société en commandite, s'assurer que les

parties se sont conformées aux lois qui régissent cette nature de société, et spécialement à celle du 23 juillet 1856,

Si c'est un conseil municipal ou une chambre de commerce qui se mettent en instance, transmettre les délibérations de ces corps avec leurs budgets et l'indication des ressources au moyen desquelles ils entendent faire face aux dépenses de création et de gestion de l'établissement projeté.

2° Un cautionnement est-il nécessaire ? En cas de réponse affirmative, quel doit être le montant de ce cautionnement, et quelles bases ont servi pour la fixation de ce chiffre ?

3° Existe-t-il un local que le projet veuille utiliser ? En quoi consiste-t-il ? Y a-t-il des dépenses d'appropriation, et quelle en est l'importance ? Produire un plan.

4° S'agit-il d'un local soumis au régime de l'entrepôt réel ? A-t-on l'intention de profiter du régime de l'entrepôt fictif ?

Le décret suivant, daté de Compiègne le 13 Novembre 1859 et qui autorise la Compagnie havraise, indique encore par la mention des pièces qu'il vise, les productions à joindre aux demandes et autorisation :

NAPOLÉON, etc.

Sur le rapport de notre ministre secrétaire d'Etat au département de l'agriculture, du commerce et des travaux publics;

Vu la loi du 28 mai 1858 concernant les marchandises déposées dans les magasins généraux et sur les ventes publiques de marchandises en gros;

Vu le décret du 12 mars 1859 concernant l'autorisation d'ouvrir un magasin général ou une salle de ventes publiques;

Vu la demande formée par une Société anonyme en projet, constituée par acte des 30 juin au 8 juillet 1858, et du 16

février 1859, par-devant Me Marcel et son collègue, notaires
au Havre, et représentée, en vertu de l'article 54 des statuts
contenus dans le premier des actes précités, par MM. Alfred
Quesnel et Dubois ;

Vu les délibérations de la Chambre de commerce du Havre,
en date des 21 mai et 18 juillet 1859 ;

Vu la délibération du tribunal de commerce du Havre, en
date du 28 mai 1859 ;

Vu les avis du conseil municipal du Havre, en date des 22
juin et 16 septembre 1859 ;

Vu l'avis en forme d'arrêté, du 4 juillet 1859, de M. le sé-
nateur préfet de la Seine-Inférieure, et la lettre de cet administrateur, en date du 27 septembre 1859 ;

Vu l'avis de notre ministre secrétaire d'Etat au département des finances en date du 9 août 1859, relatif à la demande faite par les représentants de la Compagnie précitée,
dans le but d'obtenir, pour les établissements en projet, le
bénéfice de l'entrepôt fictif ;

La section des travaux publics, de l'agriculture et du commerce, du Conseil-d'Etat, entendue,

Avons décrété et décrétons ce qui suit :

Art. 1ᵉʳ — La Société anonyme autorisée par décret en
date de ce jour, sous la dénomination de *Compagnie Havraise
de Magasins publics et de Magasins généraux* est autorisée à
établir un magasin général et une salle de ventes publiques
dans les locaux situés à l'est du bassin Vauban et du bassin
des Docks-Entrepôts, et teintés en rose sur le plan ci-annexé.

Art. 2. — Lesdits établissements sont autorisés à recevoir
des marchandises en entrepôt fictif.

Art. 3. — Si, dans le délai de deux mois, à partir du présent décret, la Société anonyme n'a pas justifié qu'elle a été

mise en possession des terrains sur lesquels les établissements
ci-dessus doivent être édifiés, l'autorisation sera nulle et de
nul effet.

Art. 4. — Notre ministre secrétaire d'Etat au département
de l'agriculture, du commerce et des travaux publics est chargé de l'exécution du présent décret, qui sera publié au *Bulletin des Lois* et inséré au *Moniteur*.

Pour bien apprécier le système admis par les lois nouvelles en ce qui touche l'autorisation, il est bon d'examiner l'opinion exprimée à ce sujet par la commission
chargée d'examiner le projet de loi. M. Ancel rapporteur, a présenté ainsi qu'il suit, cette opinion :

« La commission, sans avoir voulu admettre le principe d'une liberté absolue pour l'établissement des
magasins généraux, tel qu'il existe en Angleterre, sans
même avoir posé des conditions dont l'accomplissement donnerait le droit d'ouvrir ces magasins, ainsi
que le demandait un amendement de l'honorable M. Javal, a compris que l'administration devra se montrer
large et libérale dans la concession de ces autorisations.
Nous n'avons pas pensé qu'un monopole dût être consa-
cré; plusieurs magasins même spéciaux au même
genre de marchandise, pourront se fonder si l'intérêt
de la localité l'exige : MM. les commissaires du gouvernement ont partagé notre impression ; ils nous ont
assuré que toutes les dispositions du règlement à inter-
venir seraient conçues au point de vue de l'intérêt le
plus général. Nous avons demandé et obtenu que l'autorisation d'établir un magasin ne fut accordée que la
chambre de commerce, ou le conseil des manufactures

des arts et métiers entendus. Il nous a semblé, d'une part, que les localités trouveraient, dans cette disposition, un moyen plus facile d'obtenir l'ouverture des magasins qui pourraient être utiles au mouvement de leurs affaires ; et que de l'autre, le gouvernement, toujours éclairé, refuserait plus sûrement la création d'établissements inutiles, ou même préjudiciables au véritable intérêt public. »

Il résulte de ce qui précède, que le système du législateur de 1858 en matière d'autorisation, n'est pas un système monopoliseur, puisque des magasins généraux et des salles de ventes peuvent être établis dans une ville où fonctionnent déjà des établissements de même nature. Ceci a été entendu devant le Corps législatif, et répété plus tard par le ministre du commerce, dans sa circulaire : « Il est à peine utile d'ajouter, dit-il, que l'autorisation n'a pas pour but, et ne saurait avoir pour but de créer un monopole. »

Ce n'est pas non plus un système de liberté en conséquence duquel un particulier pourrait, endossant à ses périls et risques, toute responsabilité à l'encontre des tiers, établir un magasin général ou une salle de vente, suivant qu'il jugerait bon de le faire.

Ce n'est pas davantage ce système de liberté conditionnelle, formulé par l'amendement de M. Javal, et en vertu duquel, des conditions étant posées, il serait loisible à tout citoyen de fonder un des établissements dont il s'agit, moyennant l'accomplissement des conditions présentes.

La loi nouvelle, empruntant quelque chose à chacun des systèmes indiqués ci-dessus, laisse agir l'initiative et la liberté individuelles sous le contrôle de l'autorité. Suivant la remarque du ministre du commerce, elle pose les magasins généraux en *établissements privés surveillés par l'administration.*

Quiconque, particulier, ou Société, voudra obtenir l'autorisation, devra donc suivre les prescriptions des lois et actes rappelés plus haut, et s'adresser aux corps et autorités désignés.

Mais que fera le postulant si la chambre de commerce, ou la chambre consultative des arts et métiers, ou le tribunal de commerce pense contrairement à l'opinion dudit, qu'il n'y a pas lieu de fonder l'établissement projeté ?

Et que fera-t-il encore si le préfet donne un avis qui contrarie ses projets ?

Il est très-certain d'une part que ces délibérations et cet avis défavorables ne pourront arrêter la demande du postulant, ni empêcher l'autorisation d'être accordée, s'il y a lieu, mais il est également certain que ces appréciations marqueront la demande d'une note fâcheuse qui ne pourrait être sans influence sur la décision du gouvernement.

Si enfin l'administration supérieure, après les avis favorables ou contraires dont on a parlé, refusait d'accorder l'autorisation demandée, il ne resterait plus au postulant, que la faculté de se pourvoir, de l'administration mal informée à l'administration mieux informée, et de faire valoir devant le conseil d'Etat les droits qu'il croit avoir à l'autorisation, et l'opportunité de sa réclamation.

Puisque l'autorisation ne peut être révoquée sans que les parties aient été entendues. (Art. 11. du décret), il faut conclure de cette disposition, que la même autorisation ne peut être refusée, sans qu'au préalable le postulant ait été admis à faire valoir les raisons qui motivent sa demande.

La concession obtenue, l'impétrant sera tenu de communiquer au préfet ses projets de réglement et de tarif. (V. Art. 8 et suivants du décret de 1859 cité au chap. 11.)

CHAPITRE VI.

Docks-Entrepôts du Havre. — Réglements et Pratique.

Un décret en date du 17 Juin 1854 concéda à la ville du Havre l'établissement, et l'exploitation d'un dock-entrepôt. Cette concession fut cédée par la municipalité à une compagnie, moyennant une redevance de 30 p. 100 sur les recettes brutes du magasinage.

La compagnie des Docks du Havre, quand les travaux d'agrandissement non interrompus depuis l'ouverture, seront achevés, pourra dans le bassin de l'établissement, d'une longueur de 550 mètres et d'une largeur de 80, décharger plus de 50 navires à la fois, et recevoir dans ses magasins 130,000 tonnes de marchandises. Deux fois plus considérables que les Docks de Ste-Catherine, et luttant presque d'étendue avec les Docks de Londres, ces Docks avec leur spacieux bassin, leurs vastes magasins, et leurs manutentions accélérées au moyen d'une puissante machine hydraulique, feront aux établissements anglais une concurrence énergique, et réussiront sans doute à leur enlever, au profit du Havre, un grand nombre de consignations américaines.

La compagnie des Docks vient d'ajouter à ses opérations, l'emmagasinage des marchandises acquittées, et des produits du pays, auxquels elle a ouvert un magasin spécial.

Ce fut le 8 avril 1857 que cet établissement entra en activité, commença à recevoir les navires et à délivrer des récépissés au commerce sur dépôt de marchandises, conformément au décret du 21 Mars 1848 alors en vigueur.

Depuis le 18 Mai 1859 il délivre des récépissés et des warrants selon les dispositions de la loi de 1858, et le décret de 1859.

Du 8 Avril 1857 au 31 Décembre de la même année, les Docks ont reçu 310 navires jaugeant ensemble 82,319 tonneaux et qui ont importé 87,072,579 kilog. de diverses marchandises, et particulièrement de cotons et de cafés.

Du 1er Janvier au 31 Décembre 1858, ils ont reçu 339 navires d'une jauge de 98,500 tonneaux important 95 millions environ de kilog. de marchandise. Du 1ᵉʳ Janvier au 24 Novembre 1859, ils ont reçu et déchargé 367 navires.

Depuis le 8 Avril jusqu'au 31 Décembre 1857, les Docks du Havre ont délivré 1,352 récépissés sous l'empire de la législation créée par le décret du 21 Mars 1848.

En 1858, ils en délivrèrent 987.

Au commencement de 1859 les dépôts de marchandises se multiplient sous la pression de la crise causée par l'encombrement du marché.

Les arrivages en 1858, pour ne parler que des cotons, jetèrent sur la place 521,168 balles, alors que le débouché, d'après les chiffres du *Journal du Havre*, n'en faisait sortir que 467,078. Aussi, au 1ᵉʳ Janvier 1859, on put signaler un stock sur la place du Havre de 136,699 balles.

Le débouché en Janvier 1859 s'arrêta à 41,130 balles.

Il laissait sur le marché un stock accablant, des affaires difficiles, une effrayante baisse.

Aussi du 1ᵉʳ Janvier au 18 Mai (quatre mois et demi et trois jours) 1,038 récépissés furent délivrés, sur d'importants dépôts, malgré les difficultés du décret de 1848, qui servit pourtant alors à conjurer bien des désastres.

Avec la loi de 1858, on voit s'accroître le nombre des dépôts, puisque du 18 Mai au 24 Novembre 1859 la Compagnie des Docks délivra 1,470 récépissés.

Le règlement des Docks-Entrepôts avec les tarifs y

annexés ayant été mis à la disposition des négociants, il suffit d'en rappeler succinctement ici les principaux statuts :

Ils règlent l'entrée, le déchargement, la police des navires dans le Dock, et leur sortie.

Le *débarquement au Dock* est obligatoire pour tous les navires dont *moitié* de la cargaison se compose de marchandises *destinées à l'Entrepôt réel*. (Article 2.)

La Compagnie prend sous sa responsabilité la garde et la conservation de la marchandise entreposée, et comme conséquence elle est seule et exclusivement chargée de toutes les opérations de manutention (15), qu'elle fait exécuter d'office quand il y a urgence (20.)

Elle ne répond pas des *déchets naturels*, ni des cas de *force majeure*. (15)

Les *opérations de manutention et de conditionnement* ne sont, sauf les cas d'urgence, exécutées que sur commande expresse. (20)

Elles sont payées à la Compagnie conformément aux tarifs. (18) Le *magasinage* court pour la partie entière du jour de l'entrée des premiers colis en entrepôt : il est établi sur le poids brut des colis, et payé comptant à la sortie des marchandises. (23)

Après constatation de leur état, par le service des Douanes, les *marchandises avariées* sont transportées sous le hangar du Dock affecté aux ventes publiques. (25)

Les *transferts* ont lieu sur un ordre écrit du cédant accepté par le cessionnaire. (26)

La Compagnie se charge, pour le compte des négociants et en leur nom, de toutes les *opérations de Douane*, lorsqu'elle y est régulièrement autorisée. (27)

Nul n'est admis dans les magasins du Dock s'il n'est porteur d'une autorisation du chef du Dock, ou d'un ordre écrit du propriétaire de la marchandise. (28)

Les *marchandises dangereuses* sont reçues au Dock, mais sont placées dans des magasins spéciaux. (29)

Des *bulletins d'entrée*, faisant connaître la marchandise par numéro, nom, marque, poids, etc., sont délivrés à tout requérant. Dans ce cas, la marchandise n'est livrée en totalité ou en partie que sur l'ordre de sortie totale ou partielle signé par le propriétaire dudit bulletin (33)

La Compagnie ouvre des *comptes-courants* aux négociants qui font les versements nécessaires, et, dans ce cas, ces négociants peuvent disposer de leurs marchandises sans attendre la liquidation des frais.

Lorsque la marchandise est apportée aux magasins du Dock, après séjour dans un magasin particulier, ou encore lorsqu'elle provient d'un navire en débarquement hors du Dock, sans que la déclaration primitive d'entrée ait été faite pour l'entrepôt réel, l'impétrant est tenu de produire une *note de poids* détaillée par colis dont le Dock vérifie l'exactitude, par *mode de récensement*.

Vérifier une marchandise par mode de récensement, c'est soumettre tel ou tel colis au choix du préposé qui opère, à une vérification particulière, dont le résultat fait loi pour toute la partie.

L'impétrant doit encore produire une note de poids, détaillée par colis et vérifiée comme il vient d'être dit, quand les magasins du Dock étant encombrés, le directeur admet comme annexe le magasin dans lequel sont arrimées les marchandises proposées pour le warrant, et dont les clés sont remises aux mains de cet administrateur.

Ces formalités sont inutiles si les marchandises proviennent d'un navire débarqué dans le Dock, et si elles sont actuellement déposées dans les magasins de l'établisement.

Dans tous les cas, soit que les marchandises aient tout d'abord été déposées dans les magasins du Dock, soit qu'elles aient été déposées dans un magasin particulier admis comme annexe, ou bien qu'elles soient apportées au Dock au moment de la mise au warrant, les déposants doivent, pour engager ces marchandises et obtenir des récépissés, procéder aux formalités indiquées ci-dessous.

DEMANDE DE RÉCÉPISSÉ ET DE WARRANT. — Cette demande est faite sur un imprimé dont on remplit les blancs. (V. formule 2ᵉ.)

Ainsi que cela est indiqué par la formule à remplir, l'impétrant indiquera les numéros d'entrée du Dock et de la douane. Il fera connaître la marchandise contre le dépôt de laquelle il demande un récépissé, et cela par marques, numéros, navire importeur, provenance, poids de la marchandise en douane, valeur de cette marchandise.

FACTURE DE RÉCÉPISSÉ ET DE WARRANT. — (V. formule 3ᵐᵉ.) — Cette facture établie dans les conditions ordinaires de la place, est jointe à la demande. Le courtier estime la valeur de la marchandise et signe seul.

La facture peut être établie valeur en entrepôt, au lieu de l'être valeur à l'acquitté.

BON DE MISE SOUS WARRANT. — Quand le déposant a établi les deux pièces dont on vient de parler, il confectionne un bon de mise sous warrant, sur lequel il déclare faire sortir sa marchandise pour la mettre aux warrants.

Ce bon est visé par le garde-magasin, de là transmis au grand-livre du Dock avec les deux autres pièces.

VÉRIFICATION DES DÉCLARATIONS DU DÉPOSANT. — Vous voici au grand-livre du Dock, avec votre demande de récépissé et de warrant, votre facture et enfin ce bon, constatant la mise au warrant de la marchandise. Là, sont vérifiées toutes les affirmations contenues en ces pièces: les poids, quantités, dates d'entrée au Dock, etc., après quoi, on vous envoie au bureau du warrant.

Bureau du warrant. — Délivrance du récépissé. — C'est là qu'aboutissent les démarches faites jusqu'à ce moment. Les pièces dont vous êtes porteur (demande, facture, bon de mise au warrant) vous permettent de fournir à l'employé au warrant, comme on appelle ce préposé dans la pratique, les indications dont il a besoin pour confectionner le titre que vous réclamez.

Ces mentions sont transcrites sur la souche du registre des récépissés, sur le récépissé et enfin sur le warrant.

Puis le récépissé avec le warrant y annexé, signés par le directeur du Dock, sont remis au déposant. — V. for. 1re.

Négociation. — Porteur du récépissé et du warrant, le déposant, s'il veut transmettre à un cessionnaire le droit de disposer de la marchandise, arrive à ce résultat par l'endossement du récépissé. S'il veut donner en nantissement la marchandise déposée, il endosse le warrant, en se conformant pour ce transfert, comme pour le précédent, aux dispositions de l'art. 5 de la première loi.

Au Havre, les opérations de prêt sur warrant ont été jusqu'à ce jour, faites en général par la Banque.

Pour obtenir un prêt, le porteur dépose à la Banque le récépissé et le warrant avec la demande et la facture dont il a été parlé, et une police d'assurance des marchandises engagées.

La Banque, sur le vu des pièces, fixe la somme qu'elle prêtera (75 °/₀ de la valeur des marchandises), et rend les pièces.

On indique sur le warrant la somme prêtée et l'échéance du prêt. Après s'être occupé de l'aval, du visa pour timbre, de l'enregistrement, de l'endossement, on remet le warrant à la Banque, qui verse les fonds.

Le déposant peut encore emprunter directement au Dock, qui depuis le mois de Juillet 1859, fait des avances sur les marchandises déposées dans les magasins de la Compagnie.

RENOUVELLEMENT. — Lorsque l'emprunteur qui s'est adressé à la Banque fait connaître, à l'échéance, le désir de prolonger l'emprunt pour une nouvelle période de 3 mois, la Banque fait confectionner au Dock un nouveau warrant, qui, signé par l'emprunteur et sa caution, visé pour timbre, etc., est remis à la Banque en échange du premier warrant, qui se trouve ainsi annulé.

PAIEMENT AVANT L'ÉCHÉANCE. — Quand l'emprunteur veut libérer, par le paiement du warrant, sa marchandise avant l'échéance, la Banque lui tient compte des intérêts pour le temps qui reste à courir, en faisant perdre dix jours d'intérêts à cet emprunteur.

LIBÉRATION DE LA MARCHANDISE ENGAGÉE. — Le warrant étant rendu à l'emprunteur contre le remboursement de la somme prêtée, celui-ci rapporte au bureau des warrants le récépissé et le warrant qui lui avaient été délivrés. Un reçu de ces pièces lui est donné pour qu'il le présente au garde du magasin où a eu lieu le dépôt.

Assurance. — On a vu que l'emprunteur devait assurer les marchandises qu'il dépose, pour obtenir un prêt de la Banque, puisqu'il est tenu de joindre une police d'assurance aux pièces qu'il produit. Seulement, il est bon de remarquer que le Dock ne garantit pas l'accomplissement de cette formalité. Il appartient au prêteur, s'il le juge bon, de réclamer la police d'assurance.

Le Conseil d'administration de la Compagnie des Docks-Entrepôts du Havre se compose de MM. le prince de Chimay, *président;* De Gourcuff, *vice-président;* Fontenilliat; Mallet; le baron G. de Rotschild; L. Lasseur; le général-baron de Chabaud-Latour, Clerc; F. Perquer; Caffert.

Le directeur est M. Collet

CHAPITRE VII.

Compagnie havraise de Magasins publics et de Magasins généraux.

Suivant acte passé devant Me Marcel, notaire au Havre, du 30 juin au 8 juillet 1858, il a été formé une société anonyme, sous la dénomination de Compagnie havraise de magasins publics et de magasins généraux.

Le but de cette société, tel qu'il est défini, à l'art. 5 de ses statuts, est de « mettre à la disposition du commerce, un vaste établissement public de magasins disposés pour marchandises de toute nature et propres à servir de magasins généraux, où les négociants

» puissent, avec pleine sécurité, en même temps qu'a-
» vec économie, être mis en possession de toutes les
» facilités du régime des warrants et du régime des
» ventes publiques, conformément à la loi du 28 mai
» 1858. »

La société s'interdit, par ce même article, toutes opérations de commerce et de banque.

En conséquence de cet acte, on a vu s'élever, sur les
bords du canal Vauban, au Havre, un vaste établissement, comprenant des magasins, des hangars, des cours,
pour recevoir et emmagasiner les marchandises jouissant
de la faculté d'entrepôt fictif, les marchandises acquittées, et les marchandises ou produits du pays.

Les dispositions principales du réglement des magasins publics du Havre sont les suivantes :

Les *ordres d'entrée* (for. 4ᵉ) pour toutes marchandises
devront être remis au moins 24 heures à l'avance à
l'Administration.

Chaque ordre dira s'il doit être délivré au déposant
un *Certificat d'entrée*, (for. 5ᵉ) ou bien un *Récépissé à
ordre*, (for. 8ᵉ) accompagné de *Warrant*, en son nom ou
au nom d'un tiers.

Chaque ordre dira s'il doit être pourvu aux manutentions et s'il doit être pourvu aux assurances contre
l'incendie, par le Déposant ou par la Compagnie. —
(Art. 1ᵉʳ.)

Les marchandises entrées contre *Certificats d'entrée*
seront remises, livrées, transférées ou expédiées sur de

simples *ordres de sortie,* donnés pour le *tout* ou *pour partie,* par les titulaires desdits certificats ou leurs fondés de pouvoirs.

Les marchandises déposées contre *Récépissés à ordre accompagnés de Warrants,* ne seront remises, livrées, transférées ou expédiées que contre rentrée des Récépissés, soit avec leurs Warrants, soit moyennant réglement des Warrants qui auraient été négociés. — (For. 7.)

Les ordres de sortie diront quelles manutentions doivent être faites par la Compagnie.

Ils seront exécutés à tour de rôle et sans préférence pour personne.

Sur l'ordre motivé du propriétaire de la marchandise, la Compagnie fera, sans pouvoir d'ailleurs interrompre les opérations courantes, procéder immédiatement aux travaux déclarés d'urgence, lesquels donneront lieu à la perception du droit fixé par le tarif, augmenté de 50 %. — (Art. 2.)

Des Récépissés à ordre et Warrants, (for. 8ᵉ) aux termes de la loi du 28 Mai 1858, seront délivrés à tous déposants qui en feront la demande, pour les marchandises existant sous leur nom dans les magasins de la Compagnie.

Chaque lot faisant l'objet d'un Récépissé et Warrant ne pourra être composé que de colis réunis en une même place.

Il sera perçu un droit de F. 1 (comprenant le timbre de 35 centimes), sur la délivrance de chaque Récépissé à ordre et Warrant. (3)

Le magasinage sera dû sur la partie entière des marchandises pour lesquelles il sera remis un ordre d'entrée, à partir du jour de l'entrée du premier colis en magasin. (4).

A l'entrée, les marchandises doivent être immédiatement mises en magasin et arrimées.

A la sortie, les marchandises doivent être enlevées immédiatement après avoir été mises hors des magasins pour être livrées ou expédiées.

Toute marchandise qui, par le fait des déposants ou de leurs ayant-cause, reste plus de 24 heures dans les cours, est passible d'une *taxe de stationnement* sans préjudice du droit que se réserve la Compagnie, afin d'éviter un encombrement préjudiciable à tous les intérêts, d'emmagasiner d'office aux frais des propriétaires, les marchandises qui auraient séjourné dans les cours plus de trois fois 24 heures à partir du moment de la réception dans l'Établissement, ou de la mise hors du magasin. (5).

Les ordres de disposition et de lotissement pour les Ventes Publiques devront être remis aux bureaux de la Compagnie 48 heures au moins avant le jour fixé pour la vente.

Les marchandises, venant du dehors, pour être vendues publiquement dans les cours, auront à payer un droit de mise à couvert équivalent au droit de magasinage.

.La rétribution due à la Compagnie, pour la location de la salle de vente, par vente, ou par jour, dans le cas où une vente durerait plus d'un jour, est fixée comme suit :
par vente ne dépassant pas F. 10,000......... F. 15
» au-dessus de F. 10,000 jusqu'à F. 30,000.   20
»   »   30,000   »   50,000.   40
»   »   50,000 et quelque soit le
montant de la vente....................................   50

Ces prix sont ainsi fixés pour la saison d'été du 1er Avril au 30 Septembre ; ils seront augmentés de moitié pour la saison d'hiver du 1er Octobre au 31 Mars. (6).

Les Transferts ont lieu sur un ordre écrit du cédant, accepté par le cessionnaire.

Les Transferts, sans déplacement de la marchandise, paieront un droit de 20 centimes par 1,000 kilog. sans que le montant dudit droit puisse s'élever à plus de F. 5, ni descendre au-dessous de F. 1.

Tous les frais relatis aux Transferts sont à la charge du cédant. (7).

La Compagnie est responsable de la garde et de la con-servation de la marchandise à partir du moment où elle en a pris la charge, sauf les *avaries et déchets naturels*, ou provenant du *conditionnement* et les cas de *force ma-jeure.*

Les marchandises mal conditionnées ne seront pas reçues, à moins de reconnaissance écrite de leur état par les propriétaires; mention en sera faite sur les cer-tificats d'entrée ou sur les récépissés à ordre.

En cas d'urgence, il pourra être pourvu d'office au

conditionnement des marchandises, dont la bonne conservation péricliterait. (8)

Les ramassages et balayures seront remis aux déposants, chaque fois qu'ils pourront être spécialement appliqués à une partie de marchandise. (9)

Les marchandises pourront être retenues par la Compagnie en garantie des frais dus à la Compagnie et que le propriétaire aurait refusé d'acquitter.

En cas de contestation sur le montant des frais, le propriétaire de la marchandise pourra en disposer, avant le vide de la contestation, moyennant le dépôt de la somme réclamée.

Les réclamations qui ne seront pas adressées par écrit à la Compagnie, dans les huit jours de la remise des quittances, seront considérées comme nulles. (10)

Le remboursement des frais est dû comptant ; néanmoins pour faciliter l'ensemble des opérations et afin qu'elles n'éprouvent aucun retard, la Compagnie pourra ouvrir des *Comptes-Courants,* pour les frais de magasinage et autres, aux négociants qui feront les versements nécessaires à cet effet.

Les notes seront remises à domicile dès le lendemain des opérations, et le compte-courant sera balancé à la fin de chaque mois. (11)

L'art. 12 contient des mesures de précaution et de sûreté destinées à assurer la police intérieure.

Les déposants peuvent confier à la Compagnie le soin de faire assurer leurs marchandises, jusqu'à concurrence de la somme qu'ils fixent eux-mêmes dans les ordres d'entrée.

A titres de *frais d'assurance*, il sera perçu par la Compagnie, au moment de la *sortie des marchandises* et pour chaque trimestre commencé, demi pour mille de la somme fixée dans l'*ordre d'entrée*.

La Compagnie tiendra un compte spécial de ses débours réels et de ses perceptions pour frais d'assurances.

Ce compte sera arrêté chaque année au 31 Décembre, et la moitié de la balance en bénéfice qu'il pourra présenter sera restituée aux assurés, et répartie entre eux dans le cours du mois suivant au prorata du chiffre total de frais d'assurances payé par chacun. (13)

Les déposants peuvent confier à la Compagnie *le soin de pourvoir à toutes manutentions* et toutes fournitures de tonnellerie et voilerie pour toutes marchandises dans l'*intérieur* de ses établissements.

A l'*extérieur*, la Compagnie ne se chargera, en commençant, de pourvoir aux manutentions de tout genre, y compris entrée en douane et réception au débarquement, que pour les cotons.

Les droits à percevoir par la Compagnie pour les manutentions, seront ceux établis par le tarif des manutentions dans le dock-entrepôt, approuvé par arrêté du ministre de l'agriculture, du commerce et des travaux publics, le 3 avril 1858.

La Compagnie tiendra un compte spécial de ses perceptions et de ses dépenses diverses pour ce service.

Ce compte sera arrêté chaque année, au 31 Décembre, et la moitié de la balance en bénéfice qu'il pourra présenter sera restituée au commerce, et répartie dans le cours du mois suivant, entre tous ceux qui auront payé des droits de manutention, et au prorata de ce que chacun aura payé. (14)

Dans le but d'assurer une bonne entente permanente entre le Commerce et la Compagnie havraise, tous ceux de Messieurs les Négociants du Havre qui feront usage du ministère de la Compagnie, seront convoqués dans le courant du mois de Février à l'effet de faire choix entre eux d'un comité de 3 membres qui ait mission de les représenter pendant une année, et qui puisse concourir par une *action commune* à l'exécution ou à la réforme, s'il y avait lieu, de mesures d'*intérêt commun*.

Ce comité pourra être chargé, notamment :

1° D'instituer, *de concert* avec l'administration de la Compagnie havraise, un tribunal d'arbitres, qui, siégeant à jours et heures fixes, une ou plusieurs fois par mois, dans l'établissement principal de la Compagnie, règle sommairement et sans frais, par amiable composition, toutes contestations pour lesquelles on déclarera vouloir se soumettre à son jugement ;

2° De recevoir, discuter et approuver les comptes relatifs au partage des profits éventuels sur les assurances et les manutentions.

Ces magasins, qui fonctionnent depuis le 26 Décembre dernier, peuvent dans leurs premiers Etablissements recevoir 150,000 balles de coton, ou 40,000 tonnes de marchandises. La Compagnie, dans une circulaire qui lui sert de programme, présente aux regards du public commercial son établissement comme un magasin public de dépôt, se chargeant de toutes les manutentions, pouvant procurer aux déposants à l'aide d'un très-simple mécanisme, les facilités des lois sur les warrants et les ventes publiques, dont il offre une application à la fois pratique et rationnelle, s'interdissant enfin toutes opérations de commerce et de banque.

Elle appelle encore l'attention des négociants sur les dispositions suivantes du règlement, que leur nouveauté recommande assurément aux réflexions du lecteur.

Celles qui admettent ses clients au partage des profits obtenus sur les assurances, et les manutentions.

Celles par lesquelles elle réclame leur concours pour la création d'un tribunal arbitral qui serait chargé de régler sommairement et sans frais les contestations qu'on voudrait lui soumettre.

Enfin, celles par lesquelles elle provoque de leur part la nomination de représentants qui aient mission de se concerter avec l'administration de la Compagnie sur les mesures d'intérêt commun.

Les administrateurs de la Compagnie havraise de magasins publics sont : MM. Alfred Quesnel *président*, Ch. Dubois *vice-président*, Ed. Barlow, J.-J. Edou, T. Ferrère, J. Lockhart, Masquelier.

Le directeur est M. T. Dubois.

CHAPITRE VIII.

Renseignements sur le Magasinage public français.

PARIS. — Par un arrêté ministériel en date du 21 Mars 1848, les bâtiments de l'Entrepôt réel des douanes de Paris, furent affectés aux dépôts de marchandises, et l'Administration de ces entrepôts chargée de délivrer les récépissés introduits dans la pratique commerciale par le décret rendu ce même jour.

Le droit de délivrer des récépissés fut étendu par le décret du 17 Décembre 1852, en faveur de la Société concessionnaire des Entrepôts de Paris, établie sous la dénomination de Compagnie des Docks Napoléon.

En présence des fâcheux débuts de l'entreprise, ces nouvelles concessions furent retirées, et la Compagnie dut se borner à délivrer des récépissés dans la forme prescrite par la législation de 1848.

D'après les chiffres empruntés au dictionnaire du Commerce publié par Guillaumin, les prêts sur dépôt de marchandises, à Paris, n'ont jamais dépassé 5,500,000 Fr. ; au 1er Août 1858 ils s'élevaient à Fr. 5,000,000.

La Compagnie prêtait 66 p. 100 sur la valeur estimée par courtier.

Les Docks de Paris, réorganisés en 1859, ont été placés sous la direction de M. E. de Girardin.

MARSEILLE. — La ville de Marseille a été autorisée par décret du 23 Octobre 1856 à établir des Docks-Entrepôts.

Cet établissement qui promet au commerce de vastes magasins, est actuellement en construction. Dans le courant de 1861 seulement, il pourra recevoir l'entrepôt réel des Douanes, et appliquer le système des warrants. La Société des Docks et Entrepôts de Marseille utilise en ce moment sa concession pour le service spécial des bateaux à vapeur, auquel est affecté la traverse Nord de la Joliette et ses annexes. Le service du Dock comprend toutes les manutentions, soit à bord, soit à quai, soit en magasin, nécessités par l'embarquement et le débarquement des marchandises destinées aux bateaux à vapeur ou en provenant, y compris les manutentions auxquelles donnent lieu les opérations de douane et d'octroi.

Le directeur des Docks et Entrepôts de Marseille est M. Jacques Breittmayer.

Lyon. — Un *Magasin général des soies* s'organise à Lyon. Pour réaliser dans son établissement une pratique tout à fait commerciale, et en rapport avec l'importance de l'industrie lyonnaise, M. Philippe directeur, est allé à Londres étudier le mécanisme des Docks de Ste-Catherine, qui reçoit toutes les soies arrivant sur le marché de cette métropole.

Nantes. — Sous l'empire du Décret du 21 Mars 1848, avait été fondé à Nantes un Magasin général, réorganisé depuis la nouvelle Loi, et qui fonctionne complètement aujourd'hui, suivant ses dispositions.

A chaque récépissé de marchandises est annexé un procès-verbal d'expertise établissant la valeur de la marchandise déposée.

Le Président de la Chambre de Commerce de Nantes a jugé convenable de faire ainsi annexer ce procès-verbal, pour faciliter la négociation des warrants à la Banque.

La formule des récépissés et des warrants usitée dans les Magasins généraux de dépôt de Nantes, a été empruntée aux titres en usage dans les Docks du Havre.

Le Directeur des Magasins généraux de Nantes est M. Eugène Van Neunen.

Mulhouse. — Un Magasin général fonctionnait à Mulhouse suivant les dispositions de la Loi de 1848, et continue ses opérations depuis la nouvelle Législation.

Le déposant fait au directeur une déclaration de mise en magasin, et joint à cette pièce un bordereau énonçant l'espèce et la quantité de la marchandise qu'il veut déposer.

Un procès-verbal d'expertise est, en même temps, par le déposant, dressé en double. Deux experts, nommés par le Maire, déclarent, sur ce procès-verbal, leur estimation, soumise ensuite à la ratification d'un courtier de marchandise.

Muni de son récépissé auquel il joint le procès-verbal d'expertise, le déposant, pour obtenir des avances de fonds, se présente soit au Comptoir d'Escompte, soit aux banques particulières, et remet ces deux pièces aux prêteurs, pour servir de nantissement aux avances que lui font ces derniers sur un effet de commerce à 90 jours de date, avec faculté de renouvellement.

C'est, on le voit, la pratique de la législation anté-
rieure à 1848.

Les déposants, porte la note que j'ai reçue de Mulhouse, sont en général de bonnes maisons de commerce
qui font des spéculations sur marchandises, ou des industriels qui déposent leur trop-plein, pour rentrer
dans leurs fonds, faire une affaire nouvelle, etc.

Sur cotons, calicots et filés, le prêt monte à 75 p. 100
de l'estimation. Sur les drogueries de toute espèce, il
se tient entre 60 et 75.

L'Entrepôt et le Magasin général de Mulhouse sont
dirigés par M. N. Dollfus.

Il faut citer en outre les villes de Bordeaux, de Rouen,
d'Epinal, dans lesquelles s'organisent ou fonctionnent,
des établissements de magasinage public.

CHAPITRE IX.

*Aperçu général sur le Magasinage pu-
blic et les Warrants anglais. — Docks.
— Wharfs. — Bonded vaults, etc.*

L'an 1708 le parlement anglais autorisa la ville de
Liverpool à construire un Dock pour les besoins de sa
navigation devenue considérable. Ce fut le premier
Dock établi en Angleterre.

En 1793 seulement, parut à Londres le premier plan

de construction des Docks de cette métropole. Les Docks des Indes orientales et occidentales *(East and west India Docks)* furent commencés en Février 1800, et achevés deux ans plus tard. Outre ces Docks, la ville de Londres possède aujourd'hui les Docks de Londres (London Docks), ceux de Ste-Catherine (Ste Catherine's Docks), ceux du commerce (commercial Docks) et les Docks Victoria (Victoria Docks.)

Des établissements de cette nature existent encore en Angleterre, à Liverpool, à Southampton, à Bristol, à Hull, et en Ecosse, à Glascow, Dundee et Leith.

Ce mot dans son acception primitive signifie simplement bassin. M. Culloch en rapporte l'étymologie au vocable allemand dekken (couvrir, renfermer, ou préserver) ou au mot grec dekomai, (recevoir). (1)

Procurer aux navires un sûr abri, et les maintenir à flot malgré le reflux: tels étaient donc les besoins auxquels le mot Dock servit primitivement d'expression.

Une autre considération dirigeait encore ceux qui prirent en Angleterre l'initiative de cette entreprise.

Avant l'établissement des Docks, les marchandises provenant des navires, ou destinées à leur chargement, étaient déposées le long des quais, sous la garde équivoque de quelques surveillants, exposées ainsi à toutes les tentatives des voleurs de nuit.

---

(1) Dictionary pratical, théorelical, and historical of commerce etc by J. R. Mc Cullock Esq.

Des quantités considérables de marchandises étaient dérobées, et l'on rapporte, que le montant des vols sur les quais de la Tamise s'élevait chaque année à environ 500,000 livres sterl.

Pour écarter ce dommage, qui chaque jour s'aggravait, et pour mettre les marchandises hors de l'atteinte des maraudeurs, on résolut d'élever autour des bassins, des magasins spacieux, et de clore l'établissement dans toute son étendue ; de tout réunir afin de tout surveiller.

Les Docks furent ainsi dans leur expression complète, des bassins entourés de magasins. Le lecteur va voir combien sous ce double rapport ces établissements profitèrent à la navigation et au commerce anglais.

Pour faire disparaître les inconvénients provenant de l'encombrement de la Tamise, dans laquelle se pressaient, à certaines époques, des flottes entières de navires marchands, les compagnies dûrent faire des réglements, organiser une police pour l'entrée des navires dans les Docks, l'ordre à suivre pour charger et décharger, sortir des Docks, etc. — La navigation trouva dans cette réforme, les plus grands avantages.

Les Docks étaient non-seulement des bassins, ils étaient encore des magasins : il fallut donc pourvoir à cette importante partie du service qui comprend le débarquement des marchandises, leur manutention, leur emmagasinement, etc., et cette organisation imposa aux opérations commerciales une marche plus rapide et plus régulière.

Restait à régler un point qui exigeait la plus grande circonspection : assurer en même temps aux déposants la propriété et la libre disposition de leurs marchandises.

Ce résultat fut demandé à un mécanisme ingénieux qui consista dans la remise au déposant, lors de l'emmagasinement de la marchandise, d'un warrant (garantie, bon, reçu, certificat de dépôt), représentant la marchandise déposée, et cessible par endossement.

Cette pratique nouvelle dotait la spéculation et le commerce anglais d'une incalculable puissance. Elle se recommandait, il faut le dire, par ce caractère de simplicité qui est la marque des innovations sérieuses, et par une allure commerciale qui devait promptement assurer à son emploi les suffrages de tous. Elle devait aussi attirer les regards des hommes de notre pays, frappés de l'insuffisance de la loi en cette matière et solliciter leurs investigations. En 1848, quand l'impuissance de nos procédés juridiques fut démontrée par la crise, le Gouvernement provisoire s'inspira de l'usage anglais pour formuler le Décret du 21 Mars, et lorsque dix ans plus tard, le législateur reprend, pour la perfectionner, l'œuvre de ses devanciers, il cherche encore dans les warrants anglais le principe de ses améliorations. Il fait plus : il écrit dans le texte français le vocable étranger, et du mot « warrant » fait un mot français.

Wharfs. — Il est encore, en Angleterre, une classe d'établissements qui reçoivent et déchargent les navires, emmagasinent les marchandises, et délivrent des warrants : ce sont les *wharfs*. (1)

Le wharf (mot à mot : quai, port de rivière) est un quai destiné au chargement et déchargement des navires, et auquel sont annexés des entrepôts. Les wharfs sont, comme on le voit de véritables Docks. Il y a deux classes de wharfs : ceux appelés *legal quays*, dont la construction a été autorisée par la Couronne, ou par un acte du Parlement, ou ceux encore, comme à Chepstow, à Glowcester, etc., auxquels une pratique immémoriale a servi d'autorisation, et les wharfs dits de tolérance, *sufferance wharfs*.

La Douane spécifie les classes de marchandises qui devront rentrer dans les attributions de chaque wharf, suivant l'étendue, le caractère et la situation de l'établissement.

On compte à Londres cinq wharfs autorisés, et quatre-vingt sept wharfs de tolérance.

BONDED WAULTS. — Les caves dites *Bonded Waults*, comme les Docks et les wharfs, délivrent des warrants. Ce sont des établissements qui, moyennant le dépôt d'une somme assez importante, ou sur la caution de deux notables de la Cité, responsables des droits en cas d'infraction aux tarifs, ont la faculté d'entreposer des liquides pour la consommation intérieure ou la réexportation. (2)

---

(1) Mc Culloch, cit.
(2) Dict. Com. et Mar. Guillaumin. V. Docks.

On pourrait ajouter à cette nomenclature un certain
nombre d'établissements qui emmagasinent les marchandises, font les manutentions et délivrent des warrants, toute personne pouvant, en Angleterre, ouvrir un
magasin public et faire les opérations qu'un pareil établissement comporte, sans autorisation et sans contrôle
du Gouvernement.

Le Warrant anglais. — Les Docks anglais délivrent
comme on l'a dit plus haut, contre la remise des marchandises, des bons négociables appelés warrants. Le
texte du réglement des Docks des Indes Orientales et
Occidentales de Londres porte que toute marchandise
emmagasinée sous la garde de la Compagnie est livrable
par warrant. — *All merchandise warehoused under the
care of the Company is deliverable by warrant.* (1) La
Compagnie délivre même des warrants pour des marchandises importées en grenier, mais le propriétaire
doit sur sa demande de warrant, préciser les quantités
sur lesquelles portera le titre. Le warrant constate donc
la réception et l'emmagasinement par la compagnie de
tel nombre de colis, telle quantité de marchandise, de
qualité et poids déterminés, pour le compte d'un importeur désigné ou de ses représentants.

Le titre est rédigé à l'ordre du propriétaire importeur ou de ses ayant-droit.

Il mentionne le numéro de l'échantillon de la mar-

---

(1) Mc Culloch cit.

chandise, prélevé lors de son entrée, et adressé à la cité.

La marchandise reçue, pesée, vérifiée, emmagasinée, arrimée et gardée sans aucun souci pour le négociant, qui tient sa marchandise en portefeuille, et peut la vendre par simple endossement du warrant, sera sur l'ordre du porteur, livrée ou réexpédiée, ou mise en wagon dans le Dock même, et portée dans l'intérieur, à la volonté du requérant.

. Le déposant peut obtenir des Compagnies en même temps que le warrant, un certificat énonçant le poids ou la mesure de sa marchandise.

Le weight-note (note ou certificat de poids) ou le gauge-note (note ou certificat de mesure) correspondant au warrant, sera transféré avec lui, et endossé au porteur, ou restitué au Dock en même temps que le warrant, si le propriétaire veut obtenir la remise de sa marchandise.

Habituellement, dit l'exposé des motifs, le déposant veut se procurer de l'argent sans vendre, ou vend à un tiers qui ne peut pas payer comptant. Voici alors ce qui se passe : le déposant ou acheteur s'adresse au courtier, à celui qui en Angleterre est banquier, en même temps que courtier, et il lui demande une avance sur les marchandises déposées. Le courtier avance jusqu'à concurrence des trois quarts de la valeur de la marchandise et se fait remettre le warrant qu'il garde jusqu'à ce qu'il ait été remboursé. Il reste au déposant le weight-note, qu'il conserve, s'il ne vend pas, qu'il transmet à l'acheteur s'il a vendu.

L'acheteur en recevant le weight-note, qui lui transmet la propriété de la marchandise, sous l'obligation de payer l'avance dont elle est grevée, paye comptant le quart ou le cinquième du prix au courtier-banquier qui le remet au vendeur. Dès ce moment, en ce qui concerne le vendeur, l'opération de la vente est liquidée, sauf un solde pour lequel il est crédité chez le courtier-banquier. De son côté l'acheteur est propriétaire de la marchandise, et il a pour payer le restant du prix un délai nommé *prompt*. Ce délai est constaté aussi bien que l'à-compte payé et la somme restant due, sur le weight-note par le courtier-banquier qui a fait en même temps l'avance et la vente. Si à l'expiration du délai, ou même avant l'expiration du délai, le débiteur que ce soit le déposant ou l'acheteur, est en mesure de payer l'avance, il se fait rendre le warrant par le courtier, se présente au Dock muni des deux pièces que celui-ci a délivrées et retire la marchandise. Si le délai accordé expire sans que le courtier soit payé, la marchandise est vendue aux enchères, aux frais et risques du débiteur, sans formalités de justice et sans aucun retard, comme l'indique le nom même du délai qui lui est accordé (*prompt.*) L'opération de la livraison est donc singulièrement facile et simple aussi bien en cas de vente, qu'en cas de prêt. De plus, grâce aux dispositions qui en cas d'engagement permettent au prêteur, s'il n'est pas payé à l'échéance, de se rembourser sans retard, sur le prix de la marchandise qui se réalise immédiatement, la marchandise devient pour celui qui en est propriétaire le moyen de crédit le plus facile et le plus sûr, celui par conséquent qui lui assure du prêteur les conditions les plus favorables.

APPENDICE.

1re Partie.

LOIS, DOCUMENTS ET DÉCISIONS.

Magasins généraux. — Récépissés de Dépôts. — Prêts sur dépôts de Marchandises.

Rapport du ministre des finances, du 21 mars 1848. — Décret du 21-22 mars suivant. — Arrêté du ministre des finances. — Décrets du 26-27 mars et du 23-26 août suivants.

Rapport fait au Gouvernement de la République par le membre du Gouvernement provisoire, ministre des finances.

Paris, le 21 Mars 1848.

Citoyens, vos premiers décrets ont pourvu aux nécessités du Trésor. — Mais ce n'est là qu'une partie de l'immense tâche qui pèse sur le gouvernement de la République. Une crise industrielle persiste, qui ruinerait bientôt les chefs d'industrie et les travailleurs, si nous n'y avisions avec promptitude.

Cette crise s'est manifestée sous deux aspects : l'encombrement des portefeuilles, l'encombrement des magasins.

Par la chute des principaux établissements de crédit, les négociants et les industriels se sont trouvés subitement destitués des moyens de se procurer les capitaux qui leur étaient nécessaires, en même temps que l'amoindrissement de la consommation les chargeait de marchandises invendues.

Préoccupés de cette double nécessité, vous avez, sur ma proposition, décrété l'établissement de Comptoirs d'escompte, à Paris et dans tous les grands centres agricoles, industriels et commerciaux. — Unis dans une association puissante, le crédit de l'Etat, celui des particuliers ont déjà rendu des services, et sont appelés dans un prochain avenir, à exercer la plus féconde influence.

Aujourd'hui vous devez faire pour la marchandise ce que vous avez fait pour le papier : elle a besoin d'issues, il faut lui en ouvrir. Un grand nombre de maisons recommandables, et auxquelles se rattachent par les liens les plus étroits l'existence de plusieurs milliers de travailleurs, tombent ou sont sur le point de tomber, quoique leur situation soit réellement favorable. Dans peu de jours, si nous n'y prenons garde, la situation pourrait s'aggraver. Les valeurs commerciales créées par les transactions antérieures s'épuisent et, les échanges ayant diminué, elles ne se renouvellent que lentement.

En cet état de choses, j'ai pensé que le meilleur moyen de remédier au mal, c'était d'anticiper sur la consommation, par la circulation. J'ai pensé qu'il fallait rendre la vie pour le moment, à des valeurs aujourd'hui stagnantes ; et voici ce que j'ai l'honneur de soumettre à vos délibérations.

Dans le but de mettre les chefs d'industrie en mesure de disposer dès aujourd'hui du prix de leurs marchandises, il serait établi à Paris et dans les départements, des magasins généraux où les négociants et les industriels viendraient déposer les matières premières, marchandises et objets fabriqués dont ils seraient propriétaires. En échange de leurs dépôts, ils recevraient une reconnaissance extraite d'un registre à souche. Ce récépissé indiquant la valeur vénale de la marchandise, estimée à dire d'experts, constaterait la propriété, qui serait transmissible par voie d'endossement.

Les porteurs des récépissés du magasin central seraient admis à les déposer en garantie au Comptoir d'escompte de leur circonscription. Revêtus du timbre de la République, et représentant une valeur matérielle, solide, tangible, prochainement réalisable, les récépissés seraient regardés comme équivalents à une seconde signature. Je ne doute pas que cette seconde signature ne soit accueillie avec faveur par tous les grands établissements de crédit, et que les souscripteurs de billets si solidement garantis n'arrivent ainsi, par le seul intermédiaire des Comptoirs d'escompte, aux grands réservoirs des capitaux.

Convaincu que cette mobilisation de valeurs aujourd'hui paralysées contribuera puissamment à revivifier l'Industrie, le Commerce, et conséquemment le Travail, j'ai l'honneur, citoyens, de présenter à votre approbation le projet de décret suivant, etc.

21-22 Mars 1848. — Décret qui prescrit l'établissement de Magasins généraux où les négociants et les industriels pourront déposer les matières premières, marchandises et objets fabriqués dont ils sont propriétaires.

Le Gouvernement provisoire décrète :

Art. 1er. — Il sera établi à Paris, et dans les autres villes où le besoin s'en fera sentir, des Magasins généraux où les négociants et les industriels pourront déposer les matières premières, les marchandises et les objets fabriqués dont ils seront propriétaires.

2. — Ces Magasins pourront être établis d'urgence, par les commissaires du Gouvernement, sur la demande des Chambres de Commerce ou des Conseils municipaux.

3. — Il sera délivré aux déposants des récépissés revêtus .
1° du timbre de la République; 2° du timbre des Magasins
où les marchandises auront été déposées.

Ces récépissés extraits de registres à souche, transférant la
propriété des objets déposés, seront transmissibles par voie
d'endossement

Ils seront passibles d'un droit fixe qui ne pourra dépasser
1 fr. 10 c.

4. — Ces Magasins seront placés sous la surveillance de
l'Etat.

5. — Les dispositions des lois antérieures ne seront pas
applicables, en ce qu'elles pourront avoir de contraire au
présent décret.

6 — Le ministre des finances, le ministre de l'intérieur,
le maire de Paris et le ministre du commerce seront, en ce
qui les concerne, chargés de l'exécution du présent décret.

---

*Arrêté du ministre des finances, qui détermine le mode
de réception des marchandises ou matières premières
dans les Magasins ou dépôts publics, les mesures à prendre pour leur conservation, la forme des récépissés,
l'expertise destinée à en constater la valeur et la condition d'admission des récépissés à l'escompte.*

Le membre du Gouvernement provisoire, ministre des finances,

Vu le décret du Gouvernement provisoire en date du 21
mars, portant qu'il sera établi des Magasins où les négociants
et industriels pourront déposer leurs matières premières,
marchandises et objets fabriqués en échange de récépissés
transmissibles par endossement;

Vu le décret de ce jour, autorisant la Banque de France à accepter les récépissés des Magasins publics comme troisième signature ;

Considérant que le but de cette mesure est de mobiliser la valeur desdites marchandises, de la convertir en titres négociables et admissibles dans les établissements de crédit et de faciliter les prêts sur nantissements ;

Voulant assurer l'exécution dudit décret,

Arrête :

Art. 1er. — Dans toutes les villes où, en exécution du décret du 21 mars, il aura été établi des Magasins généraux agréés par l'Etat, les négociants, commerçants et industriels pourront y déposer les matières premières, marchandises et objets fabriqués dont ils seront propriétaires, en se conformant aux réglements de service intérieur desdits Magasins.

Ces établissements seront placés sous la surveillance d'un délégué du ministre des finances.

Art. 2. — Lesdites marchandises, spécifiées dans un bordereau de dépôt, devront être de qualité loyale et marchande.

Elles seront assurées contre l'incendie.

Art. 3. — Les marchandises déposées seront inscrites sur un registre spécial indiquant la date du dépôt, le nom et le domicile du déposant, l'espèce et la qualité des marchandises.

Art. 4. — Des experts choisis par la Chambre de Commerce, le Conseil municipal ou la Chambre consultative des arts et manufactures, parmi les négociants et assistés d'un courtier de commerce ou d'un commissaire-priseur, détermineront, au cours du jour, la valeur vénale des marchandises déposées.

Le procès-verbal d'estimation, signé par les experts et l'officier public, restera annexé au bordereau de dépôt, et la valeur constatée sera inscrite au registre spécial mentionné dans l'article qui précède.

Il sera alloué à l'officier public qui interviendra une simple vacation de 3 fr.

Art. 5. — Un récépissé des marchandises déposées sera remis au déposant.

Ce récépissé, passible d'un droit fixe de 1 fr. 10 c., sera extrait d'un registre à souche ; il exprimera : — La date du dépôt; — le nom et le domicile du déposant; — l'espèce et la quantité, taxe déduite, de la marchandise; — la valeur mentionnée au procès-verbal d'estimation, — et le montant des droits de douane, d'octroi ou autres dont elle peut être passible.

Les marchandises déposées pourront, à la demande du déposant, être divisées en plusieurs lots pour chacun desquels il sera délivré un récépissé distinct.

Art. 6. — Les récépissés des marchandises déposées seront transmissibles par voie d'endossement.

L'administration des Magasins sera tenue de représenter les marchandises à toute réquisition du titulaire porteur du récépissé.

Art. 7. — Toute personne qui voudra prêter sur des marchandises déposées sera valablement saisie du privilège de nantissement par le transfert sur le registre dudit magasin avec indication de la somme prêtée.

Cette mention devra aussi être opérée dans le cas d'endossement pour transmission de la propriété des marchandises.

Art. 8. — Les Comptoirs nationaux d'escompte pourront admettre, comme seconde signature, le récépissé joint à un billet à ordre. Ce billet devra faire mention du récépissé.

L'appréciation de la somme à avancer sur le récépissé sera faite par le Comptoir d'escompte; la durée du prêt ne pourra excéder quatre-vingt-dix jours.

Art. 9. — La Banque de France et ses comptoirs ainsi que les Banques départementales, pourront admettre les récépissés comme troisième signature.

Art. 10. — L'emprunteur pourra toujours rentrer en possession du récépissé en remboursant le montant du prêt au cessionnaire porteur.

Dans ce cas, celui-ci tiendra compte à l'emprunteur des intérêts à courir depuis le jour du remboursement jusqu'à l'échéance du prêt, sous déduction de l'intérêt de 10 jours. .

Art. 11. — A défaut de paiement à l'échéance, le cessionnaire porteur du récépissé pourra exercer son recours contre l'emprunteur et les endosseurs ou sur la marchandise déposée. Dans ce dernier cas, le président du tribunal de commerce, sur la simple production de l'acte de protêt, ordonnera la vente de la marchandise aux enchères.

Du 26 Mars 1848 *(Mon.* du 27), arrêté du min. des fin.

26-27 Mars 1848. — Décret qui autorise la Banque de France et ses comptoirs à admettre à l'escompte, en remplacement de la troisième signature, des récépissés de dépôt sur marchandises.

Le gouvernement provisoire — Vu le décret du 21 Mars 1848, relatif aux récépissés de dépôt sur marchandises; — Vu la délibération du conseil général de la Banque de France, en date du 26 Mars courant; — Vu l'article 12 du décret organique du 16 Janvier 1808, contenant les statuts de la Banque de France et ainsi conçu: — « La Banque de France pourra

» cependant admettre à l'escompte, tant à Paris que dans ses
» comptoirs, des effets garantis par deux signatures seulement,
» mais notoirement solvables, et après s'être assurée qu'ils
» sont créés pour fait de marchandises, si on ajoute à la ga-
» rantie de deux signatures un transfert d'actions de la Ban-
» que ou de 5 p. 100 consolidés, valeur nominale, » — décrète :

La Banque de France et ses comptoirs pourront admettre à
l'escompte, en remplacement de la troisième signature, les
récépissés de dépôt sur marchandises mentionnés dans le
décret du 21 Mars précité.

**23-26 *Août* 1848. — *Décret relatif aux prêts sur
dépôts de marchandises.***

L'Assemblée Nationale a adopté et le chef du pouvoir exé-
cutif promulgue le décret dont la teneur suit :

ART. 1ᵉʳ. — Toute personne qui, en vertu des décrets et
arrêté du 21 et 26 Mars dernier, aura prêté ou prêtera sur
des marchandises déposées dans les magasins publics, sera
valablement saisie du privilège de nantissement par le transfert du récépissé à son ordre, et par la mention dudit transfert sur le registre du magasin avec indication de la somme
prêtée.

Le récépissé sera passible d'un droit fixe de 1 franc pour
tout droit d'enregistrement.

ART. 2. — A défaut de paiement à l'échéance, le cessionnaire porteur du récépissé pourra exercer son recours contre
l'emprunteur et les endosseurs ou sur la marchandise déposée. Dans ce dernier cas, le président du tribunal de commerce, sur la simple production de l'acte de protêt ordonnera
la vente de la marchandise aux enchères.

Toutefois, les comptoirs nationaux d'escompte et sous-comptoirs de garantie, pourront exercer leurs droits conformément aux dispositions de l'article 9 du décret du 24 Mars 1848, (1) relatif aux sous-comptoirs, ces dispositions s'appliquent, non-seulement aux marchandises, mais encore aux titres et aux valeurs donnés en nantissement.

Art. 3. — Il n'est pas dérogé par le présent décret au surplus des dispositions de l'arrêté ministériel en date du 26 Mars 1848.

Ventes publiques de marchandises à la Bourse, au domicile du vendeur, ou en tout autre lieu convenable, et aux enchères. — Courtiers. — Tableaux des marchandises. — Dispositions diverses.

Décret du 22 Novembre 1811 et du 17 avril 1812. — Ordonnance du 1ᵉʳ-29 juillet 1818 et du 9 avril 1819.

22 Novembre 1811. — *Décret portant que les ventes publiques de marchandises pourront être faites, dans tous les cas, par les courtiers de commerce.*

Art. 1ᵉʳ. — Les ventes publiques de marchandises à la Bourse et aux enchères que l'art. 492 C. com. autorise les courtiers à faire en cas de faillite, pourront être faites par eux dans tous les cas, même à Paris, avec l'autorisation du tribunal de commerce, donnée sur requête.

Art. 2. — Notre grand-juge ministre de la justice et nos

---

(1) Cet article est ainsi conçu : par dérogation aux dispositions du Code civil, relatives à l'exécution et aux effets du nantissement, les sous-comptoirs sont autorisés, huitaine après une simple mise en demeure, sans qu'il soit besoin d'aucune autorisation de justice, à faire procéder à la vente publique de marchandises données en nantissement, par les officiers ministériels compétents.

ministres de l'intérieur, des finances et du trésor impérial sont chargés de l'exécution du présent décret.

---

17 *Avril* 1812. — *Décret pour l'exécution du décret du 22 novembre 1811 sur les ventes publiques de marchandises par les courtiers de commerce.*

Art. 1er. — Les marchandises désignées au tableau annexé au présent décret sont celles que les courtiers de commerce, à Paris, peuvent vendre à la Bourse et aux enchères, après l'autorisation du tribunal de commerce, donnée sur requête.

Art. 2 — Dans les autres villes de notre empire, les tribunaux et les chambres de commerce dresseront un état des marchandises dont il pourrait être nécessaire, dans certaines circonstances, d'autoriser la vente à la Bourse et aux enchères par le ministère des courtiers de commerce, et le soumettront à l'approbation de notre ministre des manufactures et du commerce.

Les tribunaux et les chambres de commerce donneront aussi leur avis sur les projets de réglements locaux relatifs aux mesures d'exécution.

Art. 3. — Dans toutes les villes, toutes les fois qu'il s'agira de procéder à de telles ventes, et avant que les tribunaux de commerce puissent accorder leur autorisation, sauf les cas de faillite, les courtiers déposeront au greffe du tribunal de commerce, une déclaration sur papier timbré, du négociant, fabricant ou commissionnaire qui aura demandé la faculté de vendre aux enchères, portant que les marchandises à vendre à la Bourse, en vente publique et aux enchères, sont sa propriété : ou bien qu'elles lui ont été adressées du dehors par des marchands ou négociants qui l'ont autorisé à les vendre et à les réaliser par la voie de la vente publique et à la Bourse; ou bien encore, que le produit desdites ventes doit servir à rembourser des avances faites ou à payer des acceptations accordées par suite de l'envoi desdites marchandises.

Néanmoins, et malgré les cas énoncés ci-dessus, les tribunaux de commerce seront juges de la validité des motifs.

Art. 4. — Avant de procéder aux ventes mentionnées ci-dessus, il sera dressé et imprimé un catalogue des denrées et marchandises à vendre, lequel portera la date de l'approbation accordée par le tribunal de commerce, et sera signé par le courtier chargé de la vente.

Ce catalogue contiendra sommairement les marques, numéros, nature, qualité et quantité de chaque lot de marchandises, les magasins où elles sont déposées, les jours et les heures où elles pourront être examinées, et les jours et les heures où la vente publique et aux enchères en sera faite à la Bourse.

Seront également mentionnées les époques des livraisons, les conditions de paiement, les tares, avaries et toutes les autres indications et conditions qui seront la base et la règle du contrat entre les vendeurs et les acheteurs.

Ces imprimés seront affichés aux lieux les plus apparents et les plus fréquentés de la Bourse, pendant le temps qui sera fixé par le tribunal de commerce, mais au moins pendant les trois jours consécutifs qui précèderont la vente.

Art. 5. — Au moment de la vente et avant qu'il soit procédé aux enchères, un échantillon de chaque lot sera exposé sur le bureau, et placé de manière que les acheteurs puissent l'examiner, et le comparer avec l'indication donnée sur le catalogue.

Art. 6. — En marge de chaque lot et lors de la vente,

7

seront écrits. les noms et demeures des acheteurs et le prix
de l'adjudication.

Les lots ne pourront être, d'après l'évaluation approximative et selon le cours moyen des marchandises, au-dessous
de deux mille francs pour la place de Paris, et de mille francs
pour les autres places de commerce.

Les tribunaux de commerce pourront les fixer à un taux
plus élevé; mais dans aucun cas, les lots ne pourront excéder
une valeur de cinq mille francs.

Art. 7. — Les enchères seront reçues, et les adjudications
faites par le courtier chargé de la vente. Il dressera procès-
verbal de chaque séance d'enchères; et, dans les vingt-quatre
heures, il le déposera au greffe du tribunal de commerce.

Art. 8. — Après chaque séance d'enchères, les noms des
acheteurs, le numéro des lots et les prix d'adjudication seront recordés et les acquéreurs apposeront leur signature sur
les feuilles qui contiendront leurs enchères, en témoignage
de reconnaissance des lots qui leur sont échus.

S'il s'élevait à cet égard quelques difficultés, la déclaration
du courtier vaudra ce qu'elle vaudrait dans les achats de ventes de gré à gré.

Art. 9. — Faute par l'adjudicataire de prendre livraison
dans les délais fixés, la marchandise sera revendue à la folle
enchère, et à ses risques et périls, trois jours après la sommation qui lui aura été faite de recevoir, et sans qu'il soit
besoin du jugement.

Art. 10. — Après les livraisons des marchandises, les
comptes seront dressés par les négociants vendeurs; ils seront visés par le courtier chargé de la vente, et ils seront
ainsi payés par les acheteurs, suivant les conditions des enchères.

Art. 11. — Le droit de courtage pour ces ventes sera fixé par les tribunaux de commerce; mais, dans aucun cas, il ne pourra excéder le droit établi dans les ventes de gré à gré pour les mêmes sortes de marchandises.

Art. 12. — En cas de contestation, elle sera portée devant le tribunal de commerce, qui prononcera, sauf l'appel, s'il y a lieu.

Art. 13. — Au surplus, les courtiers de commerce se conformeront aux dispositions prescrites par la loi du 22 pluviôse an VII, concernant la vente publique des meubles.

Art. 14. — Notre ministre des manufactures et du commerce est chargé de l'exécution du présent décret.

TABLEAU

Alizari, alun, amandes, amidons, anis vert, argent vif, bois de teinture, bois d'acajou, bois d'ébène, borax raffiné, brai, cacao, café, camphre, cannelle, caret; céruse, chanvre ciré, cotons en laine, cochenille, colle, couperose, crême de tartre, cuirs en poil, dents d'éléphant, eau-de-vie, étain, essence de térébenthine, fanons de baleine, ferblanc, galles, garance, girofle, gommes, huiles, indigo, jalap, ipécacuanha, laines, litharge, manne, mélasse, miel, minium, morue, muscades, nankins, opium, piment, plomb, poivre, potasse, prunes d'Antes en caisse, quercitron, quinquina, réglisse, rhubarbe, riz, rocou, safran, safranum, salsepareille, savon, sel, soude, souffre en canne et en masse, soie de porc, sumac, sucre, sucre de réglisse, suif, thé, vanille, verdet, vins, zinc.

1ᵉʳ-29 Juillet 1818. — *Ordonnance du roi portant que le tribunal et la chambre de commerce de Paris concourront à la formation du tableau des Marchandises que les courtiers peuvent vendre.*

ART. 1ᵉʳ. — Lorsqu'il y aura lieu à faire quelques changements dans le tableau des espèces de marchandises que les courtiers de commerce, à Paris, peuvent vendre à la Bourse et aux enchères dans les formes déterminées par le décret du 17 avril 1812 et l'art. 74 de la loi du 15 mai 1818, le tribunal de commerce et la chambre de commerce de Paris concourront à ces changements dans le même sens que l'ordonne, pour le reste du royaume, l'art. 2 du décret précité. Leurs avis seront soumis à notre ministre secrétaire d'Etat au département de l'intérieur, qui statuera.

ART. 2. — Notre ministre de l'intérieur est chargé de l'exécution de la présente ordonnance

---

9 Avril 1819. — *Ordonnance du Roi concernant les ventes publiques de marchandises par le ministère des courtiers.*

ART. 1ᵉʳ. — Les ventes publiques de marchandises à l'enchère, faites par le ministère des courtiers, pourront avoir lieu au domicile du vendeur, ou en tout autre lieu convenable, dans les villes où il n'y aura pas de local affecté à la Bourse et fréquenté par les commerçants.

Il sera prononcé sur cette faculté par les tribunaux de commerce auxquels, en vertu de l'art. 492 (V. art. 486 actuel) du code de commerce, des décrets des 22 novembre 1811 et 17 avril 1812 et de l'art. 74 de la loi du 15 mai 1818, il appartient d'autoriser les ventes publiques de marchandises par le ministère des courtiers.

Art. 2. — Dans les villes où la Bourse est ouverte et fréquentée, les tribunaux de commerce pourront aussi permettre la vente à domicile ou ailleurs, mais seulement dans le cas où ils estimeront que l'état ou la nature de la marchandise ne permet pas qu'elle soit exposée en vente à la Bourse, ou qu'elle y soit vendue sur échantillons.

Art. 3. — Dans tous les cas, l'ordonnance du tribunal fixera le lieu et l'heure des ventes, de manière que la réunion des courtiers et le concours des acheteurs puissent leur conserver le même degré de publicité.

Art. 4. — Il ne pourra être mis aux enchères, dans lesdites ventes, que les marchandises spécifiées dans l'ordonnance du tribunal, lesquelles ne pourront être d'autre espèce que celles qui seront comprises aux états dressés en conformité du décret du 17 avril 1812 et de notre ordonnance du 1er juillet 1818.

Art. 5. — Les tribunaux de commerce pourront par leurs ordonnances motivées, déroger à la fixation du maximum et du minimum de la valeur des lots portés au décret du 17 avril 1812, s'ils reconnaissent que les circonstances exigent cette exception; sous la réserve néanmoins qu'ils ne pourront autoriser la vente des articles pièce à pièce, ou en lots à la portée immédiate des particuliers consommateurs, mais seulement en nombre ou quantité suffisants, d'après les usages, pour ne pas contrarier les opérations du commerce en détail.

Art. 6. — Les dispositions du décret du 17 avril 1812 contraires à celles de la présente ordonnance sont abrogées.

Art. 7. — Notre garde-des-sceaux, ministre secrétaire-d'État de la Justice, et notre ministre secrétaire-d'État de l'Intérieur, sont chargés de l'exécution de la présente ordonnance, qui sera insérée au bulletin des lois.

Loi sur les ventes aux enchères de marchandises neuves
(25 Juin 1841.)

Art. 1er. — Sont interdites, les ventes en détail des marchandises neuves à cri public, soit aux enchères, soit au rabais, soit à prix fixe, proclamé avec ou sans l'assistance des officiers ministériels.

Art. 2. — Ne sont pas comprises dans cette défense les ventes prescrites par la loi, ou faites par autorité de justice, non plus que les ventes après décès, faillite ou cessation de commerce, ou dans tous les cas de nécessité, dont l'appréciation sera soumise au Tribunal de Commerce.

Sont également exceptées les ventes à cri public de comestibles ou objets de peu de valeur, connus dans le commerce sous le nom de menue mercerie.

Art. 3. — Les ventes publiques et en détail de marchandises neuves qui auront lieu après décès ou par autorité de justice, seront faites selon les formes prescrites et par les officiers ministériels préposés pour la vente forcée du mobilier, conformément aux articles 625 et 945 du Code de procédure civile.

Art. 4. — Les ventes de marchandises après faillite, seront faites conformément à l'article 486 du Code de Commerce, par un officier public de la classe que le juge-commissaire aura déterminée.

Quant au mobilier du failli, il ne pourra être vendu aux enchères que par le ministère des commissaires-priseurs, notaires, huissiers ou greffiers de justice de paix, conformément aux lois et réglements qui déterminent les attributions de ces différents officiers.

Art. 5. — Les ventes publiques et par enchères après cessation de commerce, ou dans les autres cas de nécessité prévus par l'article 2 de la présente loi, ne pourront avoir lieu qu'autant qu'elles auront été préalablement autorisées par le Tribunal de Commerce, sur la requête du commerçant propriétaire, à laquelle sera joint un état détaillé des marchandises.

Le Tribunal constatera, par son jugement, le fait qui donne lieu à la vente; il indiquera le lieu de son arrondissement où se fera la vente, il pourra même ordonner que les adjudications n'auront lieu que par lots dont il fixera l'importance.

Il décidera, d'après les lois et réglements d'attribution, qui, des courtiers ou des commissaires-priseurs et autres officiers publics, sera chargé de la réception des enchères.

L'autorisation ne pourra être accordée pour cause de nécessité qu'au marchand sédentaire, ayant depuis un an au moins son domicile réel dans l'arrondissement où la vente doit être opérée.

Des affiches apposées à la porte du lieu où se fera la vente énonceront le jugement qui l'aura autorisée.

Art. 6. — Les ventes publiques aux enchères de marchandises en gros continueront à être faites par le ministère des courtiers, dans les cas, aux conditions, et selon les formes indiqués par les décrets du 22 novembre 1811, 17 avril 1812, la loi du 15 mai 1818, et les ordonnances des 1er juillet 1818 et 9 avril 1819.

Art. 7. — Toute contravention aux dispositions ci-dessus sera punie de confiscation des marchandises mises en vente, et, en outre, d'une amende de 50 à 3,000 francs qui sera prononcée solidairement tant contre le vendeur que contre l'officier public qui l'aura assisté, sans préjudice des dommages-intérêts s'il y a lieu.

Ces condamnations seront prononcées par les tribunaux correctionnels.

Art. 8. — Seront passibles des mêmes peines, les vendeurs ou officiers publics qui comprendraient sciemment, dans les ventes faites par autorité de justice, sur saisie après décès, faillite, cessation de commerce, ou dans les autres cas de nécessité prévus par l'article 2 de la présente loi, des marchandises neuves ne faisant pas partie du fonds ou mobilier mis en vente.

Art. 9. — Dans tous les cas ci-dessus où les ventes publiques seront faites par le ministère des courtiers, ils se conformeront aux lois qui les régissent, tant pour les formes de la vente que pour les droits de courtage.

Art. 10. — Dans les lieux où il n'y aura point de courtier de commerce, les commissaires-priseurs, les notaires, huissiers et greffiers de justice de paix, feront les ventes ci-dessus, selon les droits qui leur sont respectivement attribués par les lois et réglements

Ils seront, pour lesdites ventes, soumis aux formes, conditions et tarifs imposés aux courtiers.

Loi des 5-14 Juin 1850. — Timbre des Effets de commerce. — Bordereaux. — Actions. — Polices d'Assurances maritimes.

TITRE Ier.

CHAP. I.

Des Effets de Commerce.

1. — Le droit de timbre proportionnel sur les lettres de change, billets à ordre ou au porteur, mandats, traites et tous autres effets négociables ou de commerce, est fixé ainsi qu'il suit: A *cinq centimes* pour les effets de cent francs et au-dessous; à *dix centimes* pour ceux au-dessus de cent francs jusqu'à deux cents francs; à *quinze centimes* pour ceux au-dessus de deux cents francs jusqu'à trois cents francs, à *vingt centimes* pour ceux au-dessus de trois cents francs jusqu'à quatre cents francs, à *vingt-cinq centimes* pour ceux au-dessus de quatre cents francs jusqu'à cinq cents francs, à *cinquante centimes* pour ceux au dessus de cinq cents francs jusqu'à mille francs; à *un franc* pour ceux au-dessus de mille francs jusqu'à deux mille francs ; à *un franc cinquante centimes* pour ceux au-dessus de deux mille francs jusqu'à trois mille francs; à *deux francs* pour ceux au-dessus de trois mille francs jusqu'à quatre mille francs et ainsi de suite en suivant la même progression et sans fraction.

2. — Celui qui reçoit du souscripteur un effet non-timbré conformément à l'art. 1er est tenu de le faire viser pour timbre dans les quinze jours de sa date, ou avant l'échéance si cet effet a moins de quinze jours de date, et dans tous les cas avant toute négociation. Ce visa pour timbre sera soumis à un droit de quinze centimes par cent francs ou fraction de

cent francs qui s'ajoutera au montant de l'effet, nonobstant toute stipulation contraire. (1)

3. — Les effets venant soit de l'étranger, soit des îles ou des colonies dans lesquelles le timbre n'aurait pas encore été établi, et payables en France, seront avant qu'ils puissent y être négociés, acceptés ou acquittés, soumis au timbre ou au visa, pour timbre, et le droit sera payé d'après la quotité fixée par l'art. 1er.

4. — En cas de contraventions aux articles précédents, le souscripteur, l'accepteur, le bénéficiaire ou premier endosseur de l'effet non-timbré ou non-visé pour timbre seront passibles chacun d'une amende de six pour cent. A l'égard des effets compris en l'art. 3, outre l'application s'il y a lieu du paragraphe précédent, le premier des endosseurs résidant en France, et à défaut d'endossement en France le porteur, sera passible de l'amende de six pour cent. Si la contravention ne consiste que dans l'emploi d'un *timbre* inférieur à celui qui devait être employé, l'amende ne portera que sur la somme pour laquelle le droit de timbre n'aura pas été payé.

5. — Le porteur d'une lettre de change non-timbrée, ou non-visée pour timbre conformément aux art. 1 2 et 3, n'aura d'action, en cas de non-acceptation, que contre le tireur; en cas d'acceptation il aura seulement action contre l'accepteur et contre le tireur si ce dernier ne justifie pas qu'il y avait provision à l'échéance. Le porteur de tout autre effet sujet au timbre et non-timbré, ou non-visé pour timbre conformé-

---

(1) Lorsque dans le délai fixé par l'art. 2, un effet de commerce souscrit sur papier timbré d'un prix inférieur à celui qui aurait dû être employé est présenté au visa pour timbre, le droit à raison de 15 cent. p. 100, ou fraction de 100 fr. est dû sur le montant total de l'effet, sous déduction du prix du papier timbré dont il a été fait usage. (Délib. 30 août 1851).

ment aux mêmes articles, n'aura d'action que contre le souscripteur. — Toutes stipulations contraires seront nulles.

6. — Les contrevenants seront soumis solidairement au
payement du droit de timbre et des amendes prononcées par
l'art. 4. Le porteur fera l'avance de ce droit et de ces amendes, sauf son recours contre ceux qui en seront passibles. Ce
recours s'exercera devant la juridiction compétente pour connaître de l'action en remboursement de l'effet.

7. — Il est interdit à toutes personnes, à toutes sociétés, à
tous établissements publics d'encaisser ou de faire encaisser
pour leur compte ou pour le compte d'autrui, même sans
leur acquit, des effets de commerce non-timbrés ou non-visés
pour timbre, sous peine d'une amende de six pour cent du
montant des effets encaissés.

8. — Toute mention ou convention de retour sans frais,
soit sur le titre soit en dehors du titre, sera nulle si elle est
relative à des effets non-timbrés ou non-visés pour timbre.

9. — Les dispositions de la présente loi sont applicables aux
lettres de change, billets à ordre, ou autres effets souscrits en
France et payables hors de France.

10. — L'exemption du timbre accordée par l'art. 6 de la
loi du 1er Mai 1822 aux duplicata de lettres de change est
maintenue. Toutefois, si la première timbrée, ou visée pour
timbre n'est pas jointe à celle mise en circulation et destinée
à recevoir les endossements, le timbre ou le visa pour timbre
devra toujours être apposé sur cette dernière sous les peines
prescrites par la présente loi.

11. — Les dispositions des art. précédents ne seront applicables qu'aux effets souscrits à partir du 1er Octobre 1850.

12. — Dispositions transitoires.

CHAP. II.

Des Bordereaux de Commerce.

13. — A compter du 1ᵉʳ Juillet 1850, les bordereaux et arrêtés des agents de change ou courtiers ne pourront être rédigés, sous peine d'une amende de cinq cents francs contre l'agent de change ou le courtier contrevenant, que sur du papier au timbre de dimension ou timbré à l'extraordinaire conformément à l'art. 6. de la loi du 11 Juin 1842.

TITRE II

CHAP. I.

Actions dans les Sociétés.

14. — Chaque titre ou certificat d'action dans une Société, compagnie ou entreprise quelconque, financière, commerciale, industrielle ou civile, que l'action soit d'une somme fixe ou d'une quotité, qu'elle soit libérée ou non-libérée, émis à partir du 1ᵉʳ Janvier 1851 sera assujetti au timbre proportionnel de *cinquante centimes* pour cent francs du capital nominal pour les Sociétés compagnies ou entreprises dont la durée n'excèdera pas dix ans. et à un pour cent pour celles dont la durée dépassera dix années. — A défaut de capital nominal le droit se calculera sur le capital réel, dont la valeur sera déterminée d'après les règles établies par les lois sur l'enregistrement. L'avance en sera faite par la Compagnie, quels que soient les statuts. La perception de ce droit proportionnel suivra les sommes et valeurs de vingt francs en vingt francs inclusivement et sans fractions.

15. — Au moyen du droit établi par l'art. précédent les

cessions de titre ou de certificat d'action seront exemptes de tout droit et de toutes formalités d'enregistrement.

16. — Les titres ou certificats d'action seront tirés d'un registre à souche, le timbre sera apposé sur la souche et le talon Le dépositaire du registre sera tenu de le communiquer aux préposés de l'enregistrement selon le mode prescrit par l'art. 54 de la loi du 22 Frimaire an VII et sous les peines y énoncées (50 fr. d'amende).

17. — Le titre ou certificat d'action délivré par suite de transfert ou de renouvellement sera timbré à l'extraordinaire ou visé pour timbre gratis, si le titre ou certificat primitif a été timbré.

18. — Toute Société, Compagnie ou entreprise qui sera convaincue d'avoir émis une action en contravention à l'art. 14 et au premier paragraphe de l'art. 16, sera passible d'une amende de douze pour cent du montant de cette action.

19. — L'agent de change ou le courtier qui aura concouru à la cession ou au transfert d'un titre ou certificat d'action non-timbré sera passible d'une amende de dix pour cent du montant de l'action.

20. — Il est accordé un délai de six mois pour faire timbrer à l'extraordinaire ou viser pour timbre sans amende et au droit proportionnel de cinq centimes par cent francs, conformément à l'art. 1er, les titres ou certificats d'actions qui auront été en contravention aux lois existantes délivrés antérieurement au 1er Janvier 1851. Le droit sera perçu sur la présentation du registre à souche, ou tout autre constatant la délivrance du certificat et l'avance en sera faite par la Compagnie, la Société ou l'entreprise. Le délai de 6 mois expiré, la Société, la Compagnie ou l'entreprise, sera, en cas de contravention, passible de l'amende déterminée par l'art. 18. —

L'avis officiel de l'acquittement du droit inséré dans le *Moniteur* équivaudra à l'apposition du timbre pour les titres ou certificats énoncés au premier paragraphe de cet article.

21. — L'art. 17 ne sera pas applicable aux renouvellements des titres énoncés en l'art. 20. — Ces renouvellements resteront assujettis au timbre déterminé par cet article et les cessions de titres ainsi renouvelés au droit d'enregistrement fixé par les lois anciennes, s'il résulte du titre nouveau que le titre primitif avait été émis antérieurement au 1er janvier 1851.

22. — Les sociétés, compagnies ou entreprises pourront s'affranchir des obligations imposées par l'art. 14 et 20 en contractant avec l'Etat un abonnement pour toute la durée de la société. — Le droit sera annuel et de cinq centimes par cent francs du capital nominal de chaque action émise ; — à défaut de capital nominal, il sera de cinq centimes par cent francs du capital réel, dont la valeur devra être déterminée conformément au 2me paragraphe de l'art. 14. — Le paiement du droit sera fait, à la fin de chaque trimestre, au bureau d'enregistrement du lieu ou se trouvera le siége de la société, compagnie ou entreprise. — Même en cas d'abonnement les art. 16 et 18 resteront applicables. Un réglement d'administration publique déterminera les formalités à suivre pour l'application du timbre sur les actions.

23. — Chaque contravention aux dispositions de ce réglement sera passible d'une amende de 50 francs.

24. — Seront dispensées du droit les sociétés, compagnies ou entreprises abonnées qui, depuis leur abonnement, se seront mises ou auront été mises en liquidation. — Celles qui, postérieurement à leur abonnement, n'auront dans les deux dernières années payé ni dividendes ni intérêts, seront aussi dispensées du droit, tant qu'il n'y aura pas de réparti-

tion de dividendes ou de paiement d'intérêts. — Jouiront de la même dispense les sociétés et compagnies qui, dans les deux dernières années antérieures à la promulgation de la présente loi, n'auront payé ni dividendes ni intérêts, à la charge toutefois par elles de s'abonner dans les six mois qui suivront cette promulgation et de payer le droit annuel à partir de la première répartition de dividendes ou du premier paiement d'intérêts.

25. — Les dispositions des art. précédents ne s'appliquent pas aux actions dont la cession n'est parfaite à l'égard des tiers qu'au moyen des conditions déterminées par l'art. 1690 du code civil, ni à celles qui en ont été formellement dispensées par une disposition de loi.

26. — Dans le cas de renouvellement d'une société ou compagnie constituée pour une durée n'excédant pas dix années, les certificats d'actions seront de nouveau soumis à la formalité du timbre, à moins que la société ou compagnie n'ait contracté un abonnement qui, dans ce cas, se trouvera prorogé pour la nouvelle durée de la société.

CHAP. II.

TITRE III.

SECTION II.

Des Polices d'Assurances maritimes.

42. — A compter du 1er octobre 1850, tout contrat d'assurance maritime, ainsi que toute convention postérieure

contenant prolongation de l'assurance, augmentation dans la prime ou dans le capital assuré, ou bien (en cas de police flottante) portant désignation d'une somme en risque ou d'une prime à payer, sera rédigé sur papier d'un timbre de dimension, sous peine de cinquante francs d'amende contre chacun des assureurs et assurés. — Les conventions postérieures énoncées dans le paragraphe précédent pourront être inscrites à la suite de la police, à la charge pour chacune d'un visa pour timbre au même droit que celui de la police. — Le visa devra être apposé dans les deux jours de la date des nouvelles conventions.

43. — Les compagnies d'assurances maritimes seront tenues de faire, au bureau d'enregistrement du siége de leur établissement et à celui du siége de chaque agence, une déclaration constatant la nature des opérations et les noms du directeur et de l'agent de la compagnie. — Cette déclaration sera faite pour les compagnies actuellement existantes avant le 1er octobre 1850, et pour les autres avant de commencer leurs opérations. — Toute contravention aux dispositions de cet article sera passible d'une amende de mille francs.

44. — Les compagnies d'assurances maritimes seront tenues d'avoir, dans chaque agence, un répertoire non sujet au timbre, mais coté, paraphé, visé soit par un des juges du tribunal de commerce, soit par le juge-de-paix, sur lequel seront dans les trois jours de leurs dates portées par ordre de numéros les assurances qui auront été faites dans ladite agence sans intermédiaire de courtier ou de notaire, ainsi que les conventions qui prolongeront l'assurance, augmenteront la prime ou le capital assuré, ou bien (en cas de police flottante) qui porteront la désignation d'une somme en risque ou d'une prime à payer. — A l'égard des compagnies actuellement existantes, le répertoire ne sera obligatoire que pour les

opérations qui seront faites à compter du 1ᵉʳ octobre 1850. Ce répertoire sera soumis au visa des préposés de l'enregistrement, selon le mode indiqué par la loi du 22 frimaire an vii, et, toutes les fois qu'ils le requerront, la présentation des polices pourra être exigée au moment du visa.

45. — Quiconque voudra faire des assurances maritimes autrement que par l'entremise des notaires ou des courtiers, sera tenu de se conformer à l'art. 43 et au premier paragraphe de l'art. 44. Le répertoire des assureurs particuliers ne donnera lieu qu'au visa prescrit par l'art. 51 de la loi du 22 frimaire an vii. La représentation des polices pourra être exigée lors du visa.

46. — Chaque contravention à l'art. 44 et au deuxième paragraphe de l'art. 45 sera passible d'une amende de dix francs.

47. — Le livre que les courtiers doivent tenir conformément à l'art. 84 du code de commerce, sera assujetti au timbre de dimension. — Les notaires seront tenus, comme les courtiers, d'avoir un registre spécial et timbré sur lequel ils transcriront les polices des assurances faites par leur ministère. — Le livre des courtiers et le registre des notaires seront soumis au visa des préposés de l'enregistrement toutes les fois que ceux-ci le requerront. Toute contravention aux dispositions de cet article emportera une amende de 50 fr.

48. — Tout courtier ou notaire qui sera convaincu d'avoir rédigé une police d'assurances ou d'en avoir délivré une expédition ou un extrait sur papier non timbré, conformément à l'art. 42, encourra une amende de cinq cents francs, et en cas de récidive une amende de mille francs, outre les peines disciplinaires prononcées par les lois spéciales.

*Décret du 18 Janvier 1860, relatif aux timbres mobiles
pour les effets de commerce.*

« NAPOLÉON, etc.,

» Sur le rapport de notre ministre secrétaire d'Etat au
département des finances;

» Vu les articles 19, 20 et 21 de la loi du 11 juin 1859,
ainsi conçus :

« Art. 19. — Le droit de timbre auquel l'article 3 de la
loi du 5 juin 1850 assujettit les effets de commerce venant,
soit des îles ou des colonies, dans lesquelles le timbre n'aurait pas encore été établi, pourra être acquitté par l'apposition sur ces effets d'un timbre mobile que l'administration
de l'enregistrement est autorisée à vendre ou à faire vendre.

» La forme et les conditions d'emploi de ce timbre mobile
seront déterminées par un réglement d'administration publique.

» Art 20. — Seront considérés comme non timbrés :

» 1° Les effets mentionnés en l'article 19, sur lesquels le
timbre mobile aurait été apposé sans l'accomplissement des
conditions prescrites par le réglement d'administration publique, ou sur lesquels aurait été apposé un timbre mobile
ayant déjà servi;

» 2° Les actes, pièces et écrits autres que ceux mentionnés
en l'article 19, et sur lesquels un timbre mobile aurait été
indûment apposé.

» En conséquence, toutes les dispositions pénales et autres
des lois existantes concernant les actes, pièces et écrits non
timbrés pourront leur être appliquées.

» Art. 21. — Ceux qui auront sciemment employé, vendu
ou tenté de vendre des timbres mobiles ayant déjà servi se-

ront poursuivis devant le tribunal correctionnel, et punis d'une amende de 50 fr. à 1,000 fr. En cas de récidive, la peine sera d'un emprisonnement de cinq jours à un mois, et l'amende sera doublée.

» Il pourra être fait application de l'art. 463 du Code pénal. »

» Notre Conseil d'Etat entendu,

» Avons décrété et décrétons ce qui suit :

« Art. 1er. — Il sera établi, pour l'exécution des articles 19, 20 et 21 de la loi du 11 juin 1859, des timbres mobiles dont le prix et l'emploi sont fixés, conformément à l'article 1er de la loi du 5 juin 1850, ainsi qu'il suit :

» A   5 cent. pour les effets de 100 fr. et au-dessous ;

» A 10 cent au-dessus de 100 fr. jusqu'à 200 fr.;

» A 15 cent. au-dessus de 200 fr. jusqu'à 300 fr.;

» A 20 cent. au-dessus de 300 fr. jusqu'à 400 fr.;

» A 25 cent. au-dessus de 400 fr. jusqu'à 500 fr.;

» A 50 cent. au-dessus de 500 fr. jusqu'à 1,000 fr.;

» A 1 fr. au-dessus de 1,000 fr. jusqu'à 2,000 fr.;

» A 1 fr. 50 au-dessus de 2,000 fr. jusqu'à 3,000 fr.;

» A 2 fr. au-dessus de 3,000 fr. jusqu'à 4,000 fr.;

» Et ainsi de suite, en suivant la même progression et sans fraction.

» Ces timbres seront conformes au modèle annexé au présent décret.

Art. 2. — Les timbres mobiles ne pourront être apposés sur les effets de plus de 20,000 fr. Ces effets continueront à être soumis au visa pour timbre, moyennant le paiement à raison de 50 cent. par 1,000 fr. sans fraction, conformément aux articles 10 et 11 de la loi du 13 brumaire an VII.

» Art. 3. — Le timbre mobile sera apposé, sur les effets

pour lesquels l'emploi en est autorisé, avant tout usage de ces effets en France.

» Il sera collé sur l'effet, savoir : avant les endossements, si l'effet n'a pas encore été négocié, et, s'il y a eu négociation, immédiatement après le dernier endossement souscrit en pays étranger.

» Le signataire de l'acceptation, de l'aval, de l'endossement et de l'acquit, après avoir apposé le timbre, l'annulera immédiatement, en y inscrivant la date de l'apposition et sa signature.

» Art. 4. — L'administration de l'enregistrement et des domaines fera déposer au greffe des Cours et tribunaux des spécimens de timbres mobiles. Il sera dressé , sans frais, procès-verbal de chaque dépôt. »

» Fait au palais des Tuileries, le 18 janvier 1860. »

DÉCISIONS JUDICIAIRES.

Sur la question de responsabilité des compagnies, il a été jugé notamment, que : la compagnie des Docks-Entrepôts n'est pas responsable des déficits de poids sur les métaux en barres ou saumons par elle emmagasinés, lorsque ces déficits constatés à l'entrée n'ont rien d'exagéré et, par exemple, qu'ils ne s'élèvent qu'à 1 °/₀ pour les barres de cuivre, et à 1 1/2 pour les saumons de plomb. (Recueil de Jurisprudence com. et mar. du Havre, par J. Guerrand, avocat. 1858. 20 mars. 1. 60.

Les frais de débarquement des navires étrangers entrés

aux Docks doivent être réduits au tiers, lorsque les équipages des navires ont effectué eux-mêmes le débarquement de la cargaison. En payant le tiers de ces frais, le capitaine ou le consignataire des marchandises peuvent exiger le lotissement de la cargaison par la compagnie des Docks. Dans le cas où il s'agit de marchandises expédiées en transit, et devant voyager par train spécial de chemin de fer et alors que les capitaines des navires qui les ont débarquées ont payé le tiers des frais fixés pour le débarquement, la compagnie des Docks ne peut réclamer quoi que ce soit au consignataire pour frais de livraison sur le quai, surtout lorsqu'il est constant que les marchandises en transit n'ont pas séjourné au-delà du délai réglementaire sur le quai, sous les hangars des Docks, et en ont été enlevées pour être aussitôt portées au chemin de fer. (Tribunal de comm du Havre, 14 déc. 1858. I. 220.)

Lorsque la compagnie des Docks a reçu du bord d'un navire des marchandises qu'elle a comptées et pour lesquelles elle a délivré des récépissés énonçant les quantités par elle reçues, elle est responsable des déficits constatés à la sortie de ses magasins sur les quantités dont elle a accusé réception, soit qu'il y ait eu détournement ou perte dans ses magasins, soit qu'il y ait eu erreur de compte. (Tribunal de comm. du Havre, 20 mars 1858. id. I. 60.)

Les marchandises entreposées dans les magasins de la compagnie des docks doivent payer à la sortie les droits de magasinage par 100 kilogrammes, par hectolitre, par mètre cube, par 1,000 francs de valeur, suivant la nature des marchandises, et sans fractionnement; on ne peut donc retirer des docks une partie quelconque de marchandises, même inférieure à 100 kilogrammes, à 1 hectolitre, etc., sans acquitter, pour la partie retirée, les droits de magasinage fixés sans fractionnement pour 100 kilogrammes, 1 hectolitre, etc.

On ne peut se soustraire à l'obligation de payer les droits de cette manière en offrant d'avance les droits de magasinage, de façon à se réserver la faculté de retirer une partie de ses marchandises par fractions minimes, sans avoir à payer les droits fixés comme il est dit ci-dessus. (Tribunal de comm. du Havre, 27 mars 1858. id. I. 76.)

La compagnie des Docks-Entrepôts est tenue de rendre au déposant identiquement les marchandises qu'elle a reçues. Ainsi : lorsqu'elle a reçu des marchandises portant certaines marques, elle doit rendre les marchandises revêtues de leurs marques, et, à défaut de cette restitution, elle doit payer la valeur des marchandises et elle est non-recevable à offrir à leur place d'autres marchandises de même nature. (Tribunal de comm. du Havre, 13 mars 1858. id. I. 56.)

Lorsque les pesages opérés par la compagnie des Docks se trouvant erronés, des pesages nouveaux ont dû avoir lieu, les frais de ces nouveaux pesages doivent être supportés par la compagnie des Docks. (Tribunal de comm. du Havre, 22 janvier 1859. id.)

Une compagnie ou administration de Docks-Entrepôts est responsable des amendes encourues à l'étranger, et payées par suite des erreurs commises par ses employés dans les bulletins de sortie des marchandises d'entrepôt, encore bien qu'elle prouve que le propriétaire des colis assistait au pesage des colis et à la rédaction des bulletins. (Tribunal de comm. de la Seine, 10 déc. 1858. id.)

Fin de la Première Partie.

APPENDICE.

2me PARTIE.

FORMULES.

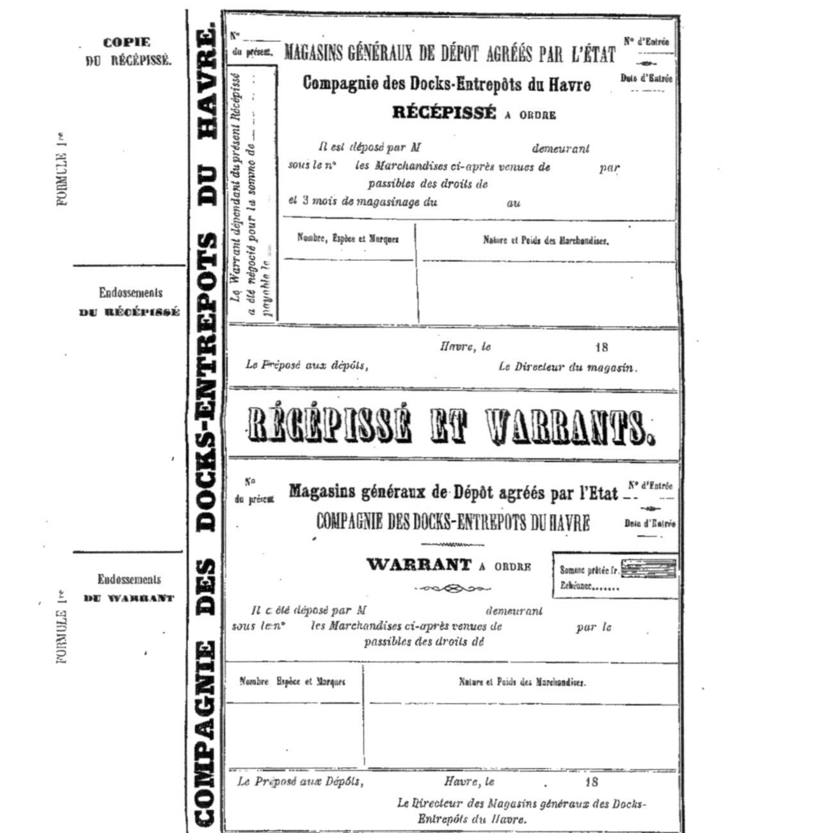

COMPAGNIE DES DOCKS-ENTREPOTS DU HAVRE.

COPIE
DU RÉCÉPISSÉ.

FORMULE 1re

Endossements
DU RÉCÉPISSÉ

Endossements
DU WARRANT

FORMULE 1re

N°
du présent.

Le Warrant dépendant du présent Récépissé
a été négocié pour la somme de ___
payable le ___

MAGASINS GÉNÉRAUX DE DÉPOT AGRÉÉS PAR L'ÉTAT

N° d'Entrée ___

Compagnie des Docks-Entrepôts du Havre

Date d'Entrée ___

RÉCÉPISSÉ A ORDRE

Il est déposé par M   demeurant
sous le n°   les Marchandises ci-après venues de   par
passibles des droits de
et 3 mois de magasinage du   au

Nombre, Espèce et Marques	Nature et Poids des Marchandises.

Havre, le   18

Le Préposé aux dépôts,   Le Directeur du magasin.

RÉCÉPISSÉ ET WARRANTS.

N°
du présent

Magasins généraux de Dépôt agréés par l'Etat

N° d'Entrée ___

COMPAGNIE DES DOCKS-ENTREPOTS DU HAVRE

Date d'Entrée ___

WARRANT A ORDRE

Somme prêtée fr.
Echéance.......

Il c été déposé par M   demeurant
sous le n°   les Marchandises ci-après venues de   par le
passibles des droits dé

Nombre Espèce et Marques	Nature et Poids des Marchandises.

Le Préposé aux Dépôts,   Havre, le   .   18

Le Directeur des Magasins généraux des Docks-
Entrepôts du Havre.

1ᵉʳ ENDOSSEMENT.

Livrez à l'ordre de M . . . .

demeurant à . . . .

Le 18

1ᵉʳ ENDOSSEMENT.

*Bon pour transfert du présent Warrant à l'ordre
de* . . . . *— demeurant à* . . . .
pour garantie de la somme de . . . .
payable le . . . .
domicile . . . .

le 18

Vu pour transcription au registre f.

Havre, le . . . .

Le Préposé aux Transcriptions,   *Le Directeur,*

N°

du Sommier d'Entrée
de la Compagnie

N°

du détail de la Douane

N°

du Récépissé-Warrant

SAM

70 à 145

Magasins généraux agréés par l'Etat.

DEMANDE
DE RÉCÉPISSÉ ET DE WARRANT

MARCHANDISES { Etrangères
Nationales ou acquittées.

Nous soussignés   , Négociants,
demeurant au Havre, rue   , N°
demandons, conformément à la loi du
12 Mars 1859, un récépissé et un warrant
pour les Marchandises dont marques, numéros et désignations suivent, lesquelles
importées au HAVRE, par le Navire   ,
Capitaine   venant de   ,
ont été entreposées le   N°   dans
le magasin N°   , de la Compagnie des
Docks-Entrepôts, Savoir :

*Soixante-quinze balles Coton en laine,
pesant ensemble brut quinze mille trente-
cinq kilogrammes, ci........ 15,035 K°.*

Ces Marchandises estimées par M
          , Courtier, valoir la somme de
*vingt-trois mille huit cent francs soixante-
dix centimes, ci............ 23,800 fr. 70*

          HAVRE, le   18.
Signature,

10.

FORMULE 3me.

Magasins généraux agréés par l'Etat.

FACTURE
DE RÉCÉPISSÉ ET DE WARRANT

N°

du Sommier d'Entrée
de la Compagnie

N°

du Détail de la Douane

N°

du Récépissé-Warrant

Le Courtier, soussigné, déclare avoir
expertisé dans le Magasin de la Compagnie
des Docks-Entrepôts du Havre, N°   , les
Marchandises dont marques, numéros et
désignations suivent, qui ont été déposées
par M.   , sous le N°   d'entrée et
en avoir fixé la valeur à la somme de
*Vingt-trois mille cinq cent trente-deux
francs* déduction faite de droits de douanes, contributions indirectes, octroi, magasinage, et de tous escomptes, tares, traits
et bonifications d'usage.

NOMBRE Marques et Numéros DES COLIS	DÉSIGNATION Des Marchandises	Poids net ou Quantités	PRIX	VALEUR

Au Havre, le 30 *Janvier* 1860,

LE COURTIER,

FORMULE 4me

SOUCHE

Enreg. le ________

ORDRE D'ENTRÉE.

N° d'Enreg. ________

N° d'Entrée ________

N° du Magasin ________

COUR

HAVRE, le ________ 186

La Compagnie Havraise de Magasins Publics et de Magasins Généraux

est priée par M ________

de recevoir en dépôt dans ses Magasins, les Marchandises ci-après, sous le régime de (1) ________

provenant de (2) ________

dont elle remettra (3) ________

Profession   Domicile

au nom de ________

Marques	Numéros	COLIS		NATURE DES MARCHANDISES Et Poids en toutes lettres.	POIDS en Chiffres
		Nombre	Espèces		

La Compagnie (4) ________ chargée de pourvoir aux Manutentions.

La Compagnie (4) ________ chargée de faire couvrir les risques d'incendie, jusqu'à concurrence d'une valeur de ________

ORDRES PARTICULIERS

pour Echantillonner
Marquer
Conditionner

Signature,

(1) Libre ou Entrepôt fictif.
(2) Navire, Chemin de fer, Transfert, etc.
(3) Certificat d'entrée ou Récépissé à Ordre.
(4) Est ou n'est pas.

SOUCHE

FORMULE 5me.

Reg. ____ Fo ____

N° d'Enregistrement
de l'ordre d'Entrée

____

N° d'Ent. en Mag.

N° du Magasin

____

COUR

CERTIFICAT D'ENTRÉE.

HAVRE, le _____________ 186

La Compagnie Havraise de Magasins Publics et de Magasins Généraux
a reçu en dépôt dans ses Magasins, les Marchandises ci-après, sous le régime de ____
provenant de _______ par _______
sur l'ordre de M _______________
           Profession   Domicile
au nom de M _______________

Marques	Numéros	COLIS		Nature des Marchandises et poids en toutes lettres	POIDS en Chiffres
		Nombre	Espèces		

Ces Marchandises _______ ____ assurées contre le feu par les Polices flottantes tenues ouvertes par la Compagnie.

Elles sont passibles de droits de Magasinage à partir du _______ ____ et en outre des frais d'assurances contre le feu et les autres frais conservatoires auxquels il y aurait lieu.

Le Directeur,

Le Préposé à l'Inscription des Dépôts,

FORMULE 6me.

N°
D'ENTRÉE

N°
du Détail de la Douane

N°
du Récépissé-Warrant

Compagnie Havraise de Magasins Publics et de Magasins Généraux.

ESTIMATION PAR COURTIER
POUR RÉCÉPISSÉ ET WARRANT

Le Courtier, soussigné, déclare avoir estimé dans le Magasin N°   de la Compagie HAVRAISE DE MAGASINS PUBLICS ET DE MAGASINS GÉNÉRAUX, les Marchandises ci-après, dont marques, numéros et désignations suivent, qui ont été déposées par M. _____ ____________________ sous le N°___________. d'entrée et en avoir fixé la valeur à la somme de _____

déduction faite de droits de douane, contributions indirectes, octroi, magasinages, et de tous escomptes, tares, traits et bonifications d'usage.

NOMBRE Marques et Num DES COLIS	Désignat. des Marchandises	POIDS NET ou QUANTIT.	Prix	Valeur

Au HAVRE, le   186

Le Courtier,

SOUCHE

FORMULE 7ᵐᵉ.

Certificat d'Entrée

Reg.___ Fᵒ_____

Nᵒ d'Enregistrement
de l'Ordre d'Entrée

Nᵒ d'Entrée en Magasin

Nᵒ du Magasin .

COUR

ORDRE DE SORTIE
de Marchandises déposées contre CERTIFICAT D'ENTRÉE

HAVRE, le __________ 186

*La Compagnie Havraise de Magasins Pu-
blics et de Magasins généraux*
est priée de (1) __________________
a (2) ______________________________
par (3) ____ .. les Marchandises ci-après:
provenant de _______ __ par_______
faisant partie du CERTIFICAT D'ENTRÉE
délivré par elle avec les désignations ci-
contre :

| Marques | Numéros | COLIS | | Nature des Marchandises | POIDS en Chiffres |
		Nombre	Espèces	et poids en toutes lettres	

ORDRES PARTICULIERS

pour Échantillonner

Marquer

Conditionner

Signature,

(1) Livrer, Expédier, Transférer ou Échanger con-
tre un récépissé à ordre
(2) à M*** ou au nom de
(3) Dire par quelle voie et
où doit être faite l'*Ex-
pédition*

SOUCHE

FORMULE 8me.

Récépissé

Reg. ___ Fº ____

Nº du Présent ___

Nº d'Entrée ____

ORDRE DE SORTIE

de Marchandises déposées contre RÉCÉPISSÉ A ORDRE

HAVRE, *le* ________ 186

La Compagnie Havraise de Magasins Publics et de Magasins généraux
est priée de (1) ____________________
a (2) ____________________
par (3) ___ ___ les Marchandises ci-après:
provenant de ________ par ____
faisant l'objet du Récépissé a Ordre désigné ci-contre, et remis avec le présent.

Marques	Numéros	COLIS		Nature des Marchandises et poids en toutes lettres	POIDS en Chiffres
		Nombre	Espèces		

ORDRES PARTICULIERS

pour Échantillonner

Marquer

Conditionner

Signature,

(1) Livrer, Expédier ou Transférer.
(2) M*** ou au nom de
(3) Dire par quelle voie et où doit être faite l'*Expédition.*

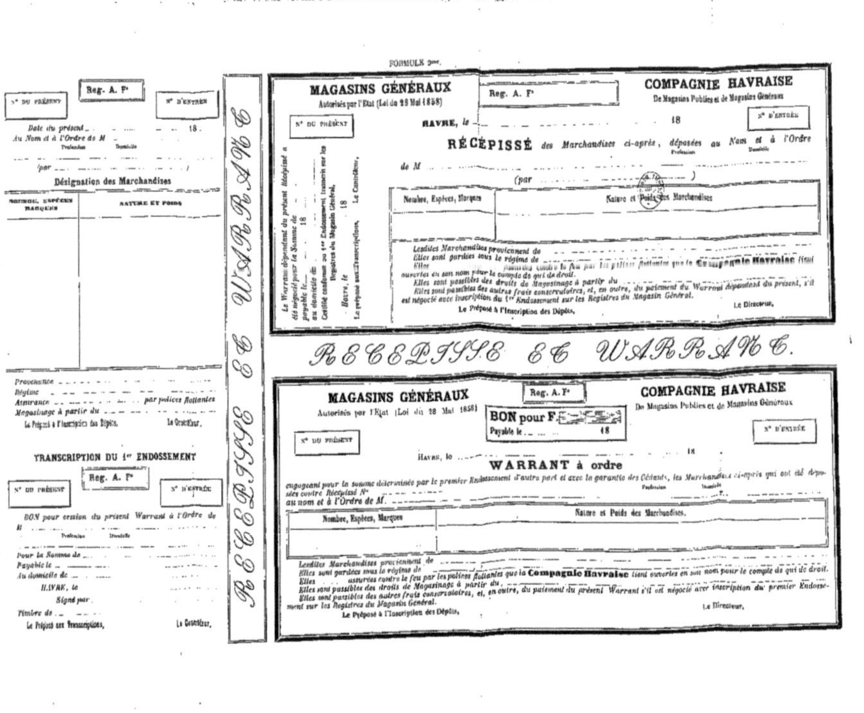

FORMULE 3me.

MAGASINS GÉNÉRAUX
Autorisés par l'État (Loi du 28 Mai 1858)

Reg. A. F°

COMPAGNIE HAVRAISE
De Magasins Publics et de Magasins Généraux

N° DU PRÉSENT

HAVRE, le   18

N° D'ENTRÉE

RÉCÉPISSÉ des Marchandises ci-après, déposées au Nom et à l'Ordre
Profession   Domicile

de M
(par   )

Nombre, Espèces, Marques   Nature et Poids des Marchandises

Lesdites Marchandises proviennent de
Elles sont gardées sous le régime de
Elles   assurées contre le feu par les polices flottantes que la Compagnie Havraise tient
ouvertes en son nom pour le compte de qui de droit.
Elles sont passibles des droits de Magasinage à partir du
Elles sont passibles des autres frais conservatoires, et, en outre, du paiement du Warrant dépendant du présent, s'il
est négocié avec inscription du 1er Endossement sur les Registres du Magasin Général.
Le Préposé à l'Inscription des Dépôts,   Le Directeur,

Le Warrant dépendant du présent Récépissé a
été négocié pour la Somme de
payable le   18
au domicile de
Certifié conforme au 1er Endossement transcrit sur les
Registres du Magasin Général.
Havre, le   18
Le préposé aux Transcriptions,   Le Contrôleur,

RÉCÉPISSÉ ET WARRANT.

MAGASINS GÉNÉRAUX
Autorisés par l'État (Loi du 28 Mai 1858)

Reg. A. F°

BON pour F.
Payable le   18

COMPAGNIE HAVRAISE
De Magasins Publics et de Magasins Généraux

N° DU PRÉSENT

N° D'ENTRÉE

HAVRE, le   18

WARRANT à ordre

engageant pour la somme déterminée par le premier Endossement d'autre part et avec la garantie des Cédants, les Marchandises ci-après qui ont été dépo-
Profession   Domicile
sées contre Récépissé N°
au nom et à l'Ordre de M.

Nombre, Espèces, Marques   Nature et Poids des Marchandises.

Lesdites Marchandises proviennent de
Elles sont gardées sous le régime de
Elles   assurées contre le feu par les polices flottantes que la Compagnie Havraise tient ouvertes en son nom pour le compte de qui de droit.
Elles sont passibles des droits de Magasinage à partir du
Elles sont passibles des autres frais conservatoires, et, en outre, du paiement du présent Warrant s'il est négocié avec inscription du premier Endosse-
ment sur les Registres du Magasin Général.
Le Préposé à l'Inscription des Dépôts,   Le Directeur,

Reg. A. F°

N° DU PRÉSENT   N° D'ENTRÉE

Date du présent   18.
Au Nom et à l'Ordre de M
Profession   Domicile

(par   )

Désignation des Marchandises

NOMBRE, ESPÈCES,
MARQUES   NATURE ET POIDS

Provenance
Régime
Assurance   par polices flottantes
Magasinage à partir du
Le Préposé à l'Inscription des Dépôts,   Le Contrôleur,

TRANSCRIPTION DU 1er ENDOSSEMENT

Reg. A. F°

N° DU PRÉSENT   N° D'ENTRÉE

BON pour cession du présent Warrant à l'Ordre de
M
Profession   Domicile

Pour la Somme de
Payable le
Au domicile de
HAVRE, le
Signé par
Timbre de
Le Préposé aux Transcriptions,   Le Contrôleur,

RÉCÉPISSÉ ET WARRANT.

WARRANT	RÉCÉPISSÉ

WARRANT

1ᵉʳ ENDOSSEMENT

Bon pour cession du présent Warrant à l'Ordre

de M _______ Profession _______ Domicile _______

____

pour la somme de _______

payable le _______ 18 au domicile de _______

le _______ 18

| TIMBRE | **Bon** pour Transcription de l'Endossement ci-dessus au Reg. 1ᵉʳ HAVRE, le _______ 18 — Le Préposé aux Transcriptions,   Le Contrôleur, |

2ᵉ ENDOSSEMENT

Bon pour Cession à l'Ordre de M _______

le _______ 18

3ᵉ ENDOSSEMENT

Bon pour Cession à l'Ordre de M _______

le _______ 18

4ᵉ ENDOSSEMENT

Bon pour Cession à l'Ordre de M _______

le _______ 18

RÉCÉPISSÉ

1ᵉʳ ENDOSSEMENT

Livrez à l'Ordre de M _______

le _______ 18

2ᵉ ENDOSSEMENT

Livrez à l'Ordre de M _______

le _______ 18

3ᵉ ENDOSSEMENT

Livrez à l'Ordre de M _______

le _______ 18

4ᵉ ENDOSSEMENT

Livrez à l'Ordre de M _______

le _______ 18

5ᵉ ENDOSSEMENT

Livrez à l'Ordre de M _______

le _______ 18

FORMULE 10me.

—

Spécimen de Catalogue.

—

VENTE PUBLIQUE

DE *(désignation de la marchandise.)*
PAR *(nom du vendeur.)*
A *(désigner le lieu de la vente.)*
PAR L'ENTREMISE DE   *(nom du courtier.)*

Le *(date.)*

CONDITIONS DE LA VENTE.

1° Les susdites marchandises seront vendues telles quelles, les acheteurs ayant été admis à les visiter avant la vente, et par ordre de lots comme il est indiqué ci-après.

Payable *(conditions du paiement.)*

2° La livraison se fera immédiatement après la vente. Faute par les adjudicataires de payer le prix dans les délais fixés, leurs marchandises seront revendues à la folle enchère trois jours après la sommation de paiement et sans qu'il soit besoin de jugement. Les frais, risques et déficits restent à la charge des acheteurs en retard.

3° Le paiement s'effectuera après la livraison et avant l'enlèvement de la marchandise, en espèces ou en billets de banque.

4° Tout adjudicataire étranger se fera représenter par une maison de la place.

5° Les frais pour parvenir à la présente vente sont à la charge des vendeurs ; les acheteurs n'auront à payer qu'un pour mille en plus de leur facture au profit des pauvres du bureau de bienfaisance (1)

Les Echantillons sont visibles chez le Courtier soussigné, chargé également de la remise des Catalogues.

Signature du Courtier.

____

(1) Cette dernière clause est un usage de la place du Havre.

12

A *(lieu de la vente)*

Provenant du .... (désignation du navire) ....

(marques et nombre des Colis)

Nos des Lots	NOMBRE des Colis.	NUMÉROS des Colis.	POIDS	PRIX.	Adjudicataires	Observations

—

PROCÈS-VERBAL DE VENTE PUBLIQUE.

Du registre des déclarations préalables aux ventes publiques de meubles et marchandises a été extrait :

Du

A comparu, M.   , courtier,   (1)

L'an mil huit cent cinquante-neuf, le

Je soussigné   , courtier en marchandises, juré et assermenté près le tribunal de commerce de   , certifie que, sur la réquisition de M.   , négociant sur cette place,

Je me suis transporté ce jour *(indiquer l'heure)* à *(l'endroit)*, à l'effet de procéder à la vente publique, pour compte de qui il appartiendra, (2)

D'environ *(désignation de la marchandise)* (3)

Provenant *(désignation du navire importeur ou mention de l'origine)*, capitaine   , venu de

En conséquence : 1° de la publicité donnée à la vente par les insertions et affiches (4) prescrites par la loi ; 2° de la déclaration sus-transcrite ; 3° de l'annonce de la vente à son de caisse, selon l'usage, les formalités pres-

---

(1) Copie de la déclaration préalable prescrite par la loi de pluviôse an vii (art. 3, 5 et 7).

(2) Si c'est une vente pour réduction de droits, ajoutez : pour réduction de droits, en présence de M. le receveur principal des douanes, ou de son délégué.

(3) Quand c'est une vente pour réduction de droits, ajoutez : le tout plus ou moins avarié d'eau de mer. Dans ce cas, vous faites suivre ces désignations de la mention : et pour nou réduction de droits, d'environ   , provenant

(4) Au moins trois insertions (art. 24 du décret du 12 mars).

crites par les art. 20 et suivants du décret du 12 mars 1859 ayant d'ailleurs été accomplies ;

Il va être par moi   , courtier, procédé, en présence de mon requérant (1), et de MM.   , mes deux témoins, domiciliés en cette ville (2), à la vente de la marchandise ci-dessus désignée, aux conditions suivantes :

ART. 1er.

Les marchandises présentement mises en vente seront vendues telles quelles, sans aucune espèce de réfaction, pour quelque cause que ce soit, les acheteurs ayant été admis à les vérifier deux jours au moins avant la vente, et des catalogues ayant été délivrés à tout requérant. (3)

ART. 2.

La livraison commencera immédiatement après la vente, et suivant l'ordre des lots. (4)

Faute par les adjudicataires de payer le prix dans les délais fixés, la marchandise sera revendue, à la folle enchère et à leurs risques et périls, trois jours après la sommation qui leur sera faite, sans qu'il soit besoin de jugement.

ART. 3.

Le paiement s'effectuera au moment de la livraison.

(1) Dans le cas de vente pour réduction de droits, ajoutez : et de M. le receveur des douanes ou de son délégué.

(2) 22 pluviôse an VII, art. 5.

(3) Mettre en outre les conditions particulières de la vente, eu égard à l'espèce des marchandises, etc. Indiquer l'origine quand il s'agit d'une marchandise vendue pour être réexportée.

(4) Sauf le droit de préemption réservé à la douane sur les marchandises vendues pour réduction de droits.

Tout adjudicataire non domicilié en cette ville sera tenu de se faire représenter par une maison de la place.

ART. 4.

Tous les frais pour parvenir à la présente vente sont à la charge du vendeur. Les adjudicataires n'auront à payer en sus de leur adjudication que 1 p^r 1,000 au profit des pauvres.

Après avoir donné lecture des conditions ci-dessus transcrites, j'ai procédé à la vente et adjudication de la manière suivante : (1)

N^{os} des LOTS	Marques	Séries	Nombre	Désign^s	Adjudicataires	PRIX DE VENTE AUX KIL. ACQ.
1						
2						
3						

(1) Dans le cas où la vente comprend des marchandises vendues pour réduction de droits et des marchandises vendues dans les conditions ordinaires, faites précéder les mentions contenues au tableau ci-dessus, de cette indication :

Pour réduction de droits :

1er Lot etc., et les autres mentions du tableau.

La vente étant terminée, j'ai clos et arrêté le présent procès-verbal, etc.

Quand la livraison ne peut être terminée dans le délai de quatre jours, il faut clore et signer ce procès-verbal de vente, en renvoyant à un autre jour (indiquer aussi l'heure) *pour la livraison.* (1)

L'adjudication étant terminée, j'ai clos le présent procès-verbal et renvoyé pour la livraison, à

PROCÈS-VERBAL DE LIVRAISON.

L'an mil le (date en lettres),
Je soussigné , courtier , certifie que, sur la réquisition de M. et en vertu du renvoi porté dans mon procès-verbal du , enregistré le , je me suis transporté ce jour *(désigner l'endroit et l'heure)* à l'effet de rédiger le procès-verbal de livraison des marchandises vendues par mon ministère le *(mettre la date)*

Où étant rendu, j'ai procédé à ladite opération de la manière suivante :

Je certifie en outre que les marchandises vendues en état sain auraient valu ce jour

Et ont, mon requérant et mes témoins, signé avec moi après lecture.

Havre, le

Pour non réduction de droits :

1er Lot etc., comme ci-dessus.

La vente étant terminée, etc.

Et ont, mon requérant et mes témoins, etc.

Havre, le

(1) 22 pluviôse an vii, art. 5.

N°ˢ des LOTS	NOMBRE	POIDS NET	PRODUITS	SOMMES
1				
2				
3				

La livraison étant terminée, j'ai clos et arrêté le présent procès-verbal, montant à la somme de   , que mon requérant et mes témoins ont signé avec moi après lecture.

Havre , le

DISPOSITIONS

De la Loi du 11 Juin 1859

Relatives à l'Enregistrement

DES TRAITÉS ET MARCHÉS

RÉPUTÉS ACTES DE COMMERCE

La loi du 11 Juin 1859, portant fixation des recettes et dépenses de l'exercice 1860, contient les dispositions suivantes :

ART. 22. — Les marchés et traités réputés actes de commerce par les articles 632, 633 et 634, n° 1er du code de com., faits ou passés sous signature privée, et donnant lieu au droit proportionnel, suivant l'art. 69, § 3, n° 1er, et § 5 n° 1er de la loi du 22 frimaire, an VII, seront enregistrés provisoirement moyennant un droit fixe de 2 francs, et les autres droits fixes auxquels leurs dispositions peuvent donner ouverture d'après les lois en vigueur. Les droits proportionnels édictés par ledit article seront perçus lorsqu'un jugement portant condamnation, liquidation, collocation ou reconnaissance, interviendra sur ces marchés et traités, ou qu'un acte public sera fait ou rédigé en conséquence, mais seulement sur la partie du prix ou des sommes faisant l'objet soit de la condamnation, liquidation, collocation ou reconnaissance, soit des dispositions de l'acte public.

Art. 23. — Dans le cas prévu par l'art. 57 de la loi du 28 avril 1816, le double droit dû en vertu de cet article, sera réglé conformément aux dispositions de l'art. 22 de la présente loi, et pourra être perçu lors de l'enregistrement du jugement. (1)

Art. 24. — Les dispositions qui précèdent seront appliquées aux marchés et traités sur lesquels des demandes en justice ont été formées antérieurement à la présente loi, et qui n'auraient pas encore été enregistrés. Néanmoins il ne sera perçu que les droits simples, si lesdits marchés et traités sont soumis à la formalité de l'enregistrement dans le mois de la promulgation de la présente loi, ou au plus tard, en même temps que le jugement, s'il est rendu avant l'expiration de ce mois.

Système ancien. — La réforme de la loi du 11 juin 1859 touche seulement aux marchés et traités réputés actes de commerce par les art. 632, 633 et 634, § 1, du code de commerce, lorsqu'ils ont été faits sous signature privée, et qu'ils donnent ouverture à un droit proportionnel suivant l'art. 69 § 3, n° 1 et § 5, n° 1 de la loi du 22 frimaire an VII.

L'enregistrement de ces actes n'était pas, avant la modification du 11 juin, obligatoire dans un délai déterminé, mais, avant l'accomplissement de la formalité, il ne pouvait être

______

(1) Art. 57. L. du 28 avril 1816. — Lorsqu'après une sommation extra-judiciaire ou une demande tendant à obtenir un paiement, une livraison ou l'exécution de toute autre convention dont le titre n'aurait point été indiqué dans lesdits exploits, ou qu'on aura simplement énoncé comme verbal, on produira, au cours d'instance, des écrits, billets, marchés, factures acceptées, lettres ou tout autre titre émané du défendeur, qui n'auraient pas été enregistrés avant ladite demande ou sommation, le double droit sera dû, et pourra être exigé ou perçu lors de l'enregistrement du jugement intervenu.

fait usage de ces écrits soit dans un acte public, soit en justice. Il fallait, du reste, qu'une de ces circonstances se pré-
sentât pour que les parties se décidassent à faire enregistrer
leurs actes; car, dès ce moment, étaient intégralement perçus
tous les droits fixes et proportionnels auxquels leurs dispositions donnaient ouverture, quand même le traité ou marché
eut été entièrement exécuté à cette époque, sauf un simple
reliquat de compte. (1)

Des réclamations s'élevaient incessamment contre un pareil
mode de perception, en ce qui concerne surtout les marchés
et traités réputés actes de commerce.

Lorsqu'un commerçant, fait observer avec raison l'exposé
des motifs, s'engage à livrer des marchandises pour une
somme de 100,000 fr., par exemple, l'intérêt de l'affaire consiste pour lui dans le bénéfice qu'il peut réaliser. Le droit dé
2 °/₀ sur le montant d'un tel marché diminue évidemment les
bénéfices ou les fait disparaître, et le résultat général de cette
perception est d'entraver le développement des opérations
commerciales et industrielles.

Aussi chacun s'efforçait d'éluder la loi, et les tribunaux de
commerce fermaient les yeux.

« La plus grande partie des demandes formées devant les
tribunaux consulaires, dit, dans une note communiquée à la
commission, le tribunal de commerce de la Seine, s'appuie
sur l'énonciation que la convention est verbale, lors même
qu'un écrit existe entre les parties. Le juge consulaire lui-
même ne peut exiger la production d'un acte qui rendrait sa
tâche plus facile, mais ruinerait le plaideur. »

Voici une autre anomalie : avant la loi du 11 juin 1859,

____

(1) V. Exp. des motifs, et aussi Instruction de la Direction de
l'Enregistrement, n° 2,153.

quand une vente passée sous signature privée donnait lieu à des contestations et qu'on faisait enregistrer l'acte, le droit était perçu sur le prix total de la vente.

Si, au contraire, l'écrit avait été dissimulé, le droit ne portait que sur les énonciations du jugement. Rigoureuse pour qui suivait ses prescriptions, la loi gardait ses faveurs pour qui la violait. Le contraire aura lieu désormais.

Le fisc ne perdra rien à la réforme. Les parties n'ayant plus d'intérêt à dissimuler leurs conventions, ni les juges de motifs pour n'en point exiger la production, le nombre des actes soumis à la formalité sera immense et compensera aisément la perte que la modération des droits fera subir sur quelques-uns.

Système nouveau. — I. *A quelles transactions il s'applique.* — Les art. 22, 23 et 24 de la loi du 11 juin s'appliquent aux marchés et traités : 1° réputés actes de commerce par les art. 632, 633 et 634, n° 1, du Code de com.; 2° faits ou passés sous signature privée; 3° passibles d'un droit proportionnel suivant l'art. 69, § 3, n° 1, et § 5, n° 1 de la loi du 22 frim. an VII.

1re *Condition :* Les marchés et traités pour profiter de la réduction doivent être réputés actes de commerce par les art. 632, 633 et 634, n° 1 du Code de com. — Voici le texte de ces articles :

ART. 632. — La loi répute actes de commerce :

Tout achat de denrées et marchandises, pour les revendre, soit en nature, soit après les avoir travaillées et mises en œuvre, ou même pour en louer simplement l'usage;

Toute entreprise de manufactures, de commission, de transport par terre on par eau;

Toute entreprise de fournitures, d'agences, bureaux d'affaires , établissements de vente à l'encan , de spectacles publics ;

Toute opération de change, banque et courtage ;

Toutes les opérations des banques publiques ;

Toutes obligations entre négociants, marchands et banquiers;

Entre toutes personnes, les lettres de change ou remises d'argent faites de place en place.

Art. 633. — La loi répute pareillement actes de commerce,

Toute entreprise de construction et tous achats, ventes ou reventes de bâtiments pour la navigation intérieure et extérieure ;

Toutes expéditions maritimes;

Tout achat ou vente d'agrès, apparaux et avitaillements;

Tout affrétement ou nolissement , emprunt ou prêt à la grosse ;

Toutes assurances et autres contrats concernant le commerce de mer ;

Tous accords et conventions pour salaires et loyers d'équipages;

Tous engagements de gens de mer pour le service des bâtiments de commerce;

Art. 644. — Les tribunaux de commerce connaîtront également : 1° des actions contre les facteurs, commis des marchands ou leurs serviteurs pour le fait seulement du trafic du marchand auquel ils sont attachés.

Les traités et marchés réputés actes de commerce sont donc seuls exonérés ; les traités et marchés non réputés actes de commerce resteront soumis à l'ancienne règle.

Présenter la nomenclature complète des actes auxquels

s'applique la réforme de 1859, serait évidemment impossible. C'est là d'ailleurs une question d'appréciation individuelle, pour la solution de laquelle il suffit de se rappeler que la modération des droits a été introduite seulement en considération et en faveur des traités et marchés réputés actes de commerce.

L'Instruction 2,153, adressée par la Direction de l'Enregistrement à ses préposés, pour les diriger dans l'application des art. 22, 23 et 24 de la présente loi, appelle toute leur attention sur ce dernier point.

« Lorsqu'un traité ou marché sous signature privée sera présenté à l'enregistrement, le receveur s'attachera à apprécier la nature même de l'acte, sans se préoccuper de la profession ou de la qualité des signataires, et, s'il reconnaît un acte commercial, il se bornera à percevoir un droit *spécial* de deux francs, indépendamment des autres droits fixes qui pourront être dûs, d'après les lois en vigueur. L'acte sera néanmoins transcrit en entier au registre des actes sous signature privée, conformément à l'instruction n° 448. »

L'exposé des motifs de la loi et l'instruction de l'enregistrement font également remarquer que l'art. 22 ne désigne que les traités et marchés, et qu'il exclut par conséquent les actes unilatéraux, tels que les billets à ordre, les lettres de change et les autres effets de commerce.

2ᵉ *Condition.* — Les marchés et traités réputés actes de commerce, doivent en outre, pour profiter de l'immunité de la loi, être faits ou passés sous signature privée.

Cette condition exclut les actes passés sous la forme authentique.

3ᵉ *Condition.* — Ces marchés et traités doivent enfin donner ouverture au droit proportionnel établi par l'art. 69, § 3, n° 1,

.et § 5, nᵒ 1, de la loi du 22 frim. an vii, c'est-à-dire au droit de 1 ou 2 °/₀.

Ces dispositions sont ainsi conçues ·

Art. 69. — Les actes et mutations compris sous cet article seront enregistrés, et les droits payés suivant les quotités ci-après, savoir :

§ III. — *Un franc par cent francs.*

1° Les adjudications au rabais et marchés, autres que ceux compris dans le paragraphe précédent, pour constructions, réparations et entretien, et tous autres objets mobiliers susceptibles d'estimation, faits, entre particuliers, qui ne contiendront ni vente, ni promesse de livrer des marchandises, denrées ou autres objets mobiliers.

§ V. — *Deux francs par cent francs.*

1° Les adjudications, ventes, reventes, cessions, retrocessions, marchés, traités et tous autres actes, soit civils, soit judiciaires translatifs de propriété à titre onéreux de meubles, récoltes de l'année sur pied, coupes de bois taillis et de haute futaie, et autres objets mobiliers généralement quelconques, même les ventes de biens de cette nature faites par l'Etat. Les adjudications à la folle enchère de biens meubles sont assujetties au même droit, mais seulement sur ce qui excède le prix de la précédente adjudication, si le droit en a été acquitté. »

Cette 3ᵉ et dernière condition exclut donc les actes qui ne sont pas compris dans les deux numéros de la loi du 22 frim. an vii, ci-dessus transcrits, et ceux qui ne donnent lieu qu'à la perception de droits fixes.

II. *Application du droit. — Droit provisoire.* — Les marchés et traités dont il a été parlé, seront enregistrés provisoirement moyennant un droit fixe de deux francs, et les autres droits fixes auxquels leurs dispositions peuvent donner ouverture d'après les lois en vigueur. L'acquittement de ce droit permettra de faire usage de l'acte ainsi enregistré, soit dans un acte public, soit en justice ; et, lorsqu'il n'y aura pas d'acte public passé en vertu de l'acte sous signature privée, ni de jugement rendu, les droits proportionnels ne seront pas perçus.

Ce droit est provisoire, puisqu'il est payé par anticipation et que l'administration de l'enregistrement devra tenir compte de son versement au contribuable, lors de l'acquittement des droits proportionnels, si ces droits deviennent exigibles.

On peut comparer ce droit nouveau, et *sui generis*, au droit fixe perçu lors d'une ouverture de crédit, et dont on tient compte aux parties à l'époque du réglement des droits proportionnels, dûs sur les sommes avancées en conséquence de ce contrat.

La maxime juridique : *non bis in idem* (1), invariable en matière d'enregistrement, vient corroborer cette doctrine, fondée à la fois sur les termes et sur l'esprit de l'art. 22.

Exigibilité des droits proportionnels. — Les droits proportionnels seront perçus lorsqu'un jugement portant condamnation, liquidation, collocation ou reconnaissance *interviendra* sur ces marchés et traités ou qu'un acte public *sera fait ou rédigé* en conséquence, mais seulement sur la partie du prix ou des sommes faisant l'objet, soit de la condamnation, liquidation, collocation ou reconnaissance, soit des dispositions de l'acte public.

Ainsi, pour que les droits proportionnels deviennent exigibles, il faut qu'un jugement intervienne sur ces traités ou

____

(1) Droit sur droit ne vaut.

marchés, ou qu'un acte public soit passé en conséquence de l'acte sous-seing privé.

Jusqu'à ce moment, la convention primitivement enregistrée au droit fixe de 2 fr. ne doit rien au fisc. Les parties peuvent, selon leurs besoins, la faire figurer en toutes circonstances, la relater en tous actes sous signature privée, s'en servir dans toutes sommations, assignations, protestations, etc., à l'abri des droits proportionnels. L'enregistrement, moyennant le droit fixe de deux francs, sera même définitif, s'il n'intervient point de jugement sur cette convention, et si aucun acte public n'est fait ou rédigé en conséquence dudit acte.

Au contraire, si un jugement intervient, si un acte public est passé, les droits proportionnels seront dûs; mais ils seront perçus non plus sur toutes les clauses de la convention, mais seulement sur les dispositions du jugement ou de l'acte public.

Il pourra même arriver qu'un marché soit produit en justice et mentionné dans un jugement, sans devenir, à cause de cela, passible des droits proportionnels : le cas se présentera lorsque le jugement ne contiendra aucune condamnation au paiement d'une somme d'argent, et qu'il statuera sur une clause étrangère aux prestations qui peuvent faire l'objet de ce marché.

Ainsi, Pierre assigne Paul qui lui avait vendu, moyennant 50,000 fr., un fonds de commerce par convention enregistrée au droit fixe de 2 fr., en paiement d'une certaine somme d'argent à titre de dommages et intérêts se fondant sur un fait de concurrence déloyale, le prix étant d'ailleurs encore dû. Un jugement intervient, condamnant Paul à payer des dommages et intérêts à Pierre. Le jugement est présenté à l'enregistrement. Les droits proportionnels sont-ils dûs ?

Oui, si mention du prix a été faite dans le dispositif du jugement, parce qu'alors il y a reconnaissance de ce prix.

Non, s'il n'est aucunement parlé du prix.

Lorsqu'après une sommation extra-judiciaire ou une demande tendant à obtenir un paiement, une livraison ou l'exécution de toute autre convention dont le titre n'aurait point été indiqué dans lesdits exploits, ou qu'on aura simplement énoncé comme verbal, on produira, au cours d'instance, des écrits, billets, marchés, factures acceptées, lettres ou tout autre titre émané du défendeur qui n'auraient pas été enregistrés avant ladite demande ou sommation, le double droit sera dû.

Ce double droit sera réglé conformément aux dispositions de l'art. 22 de la présente loi, et pourra être exigé ou perçu lors de l'enregistrement du jugement intervenu.

Telle est l'hypothèse de l'art. 23, combiné avec l'art. 57 de la loi du 28 avril 1816.

Le double droit sera perçu sur la partie du prix ou des sommes faisant l'objet de la condamnation, liquidation, collocation ou reconnaissance que contiendra le jugement intervenu.

Le droit provisoire de 2 fr. ne sera pas perçu.

Si la convention non enregistrée était présentée à la formalité après la demande, mais, avant le jugement, elle ne serait passible que du droit fixe de 2 fr.

Aucun droit proportionnel ne pourrait être perçu dans ce cas, puisqu'il n'y aurait pas encore de jugement, et que le principe d'exigibilité du droit proportionnel ne peut résulter que du dispositif d'un jugement ou des dispositions d'un acte public.

Ainsi, dans le cas où une partie produirait en cours d'ins-

tance une convention non-enregistrée et viendrait, par suite
d'arrangements, à se désister de son action, aucun droit ne
pourrait être perçu.

TABLE ALPHABÉTIQUE.

A.

lique de cet établissement, 57, — formules 119 ; Conseil d'administration, 66.

Compagnie Havraise de Magasins Publics et de **Magasins Généraux**. Réglements et pratique de cet établissement, 66 ; mesures d'intérêt général dont cette compagnie a pris l'initiative, 73
et 74 *Préliminaires* XV, — formules, 119 ; administrateurs, 74.

Courtiers. Ils ont qualité pour procéder aux ventes pub. de marchandises en gros, 12, 13. Sur leurs droits et obligations, en matière
de ventes pub. les courtiers consulteront la 2e loi de 1858, 12,
et le tableau y annexé ; les articles 20 et suiv. du décret de 1859,
23, et la partie de la circulaire ministérielle qui s'y réfère, 34
et suiv., le chap. IV de ce livre, 41 et suiv.
Déclaration préal. de la vente, 44 ; annonces et affiches, 45 ;
admission du public, 45 ; catalogue, 45 et 10e formule ; revente à
la folle enchère, 45 ; procès-verbal de vente pub. par ministère de
courtier, 11e formule ; procès-verbal de livraison en cas de renvoi
à un autre jour, id. ; appréciations favorables dont les courtiers
ont été l'objet devant le Corps législatif, 66. V. Ventes publiques.

D.

Dalloz. Renvoi à son recueil périodique pour les travaux du Corps
législatif sur les lois de 1858, 2.

Débarquement par les équipages : réduction des frais, 116.

Décrets. V. au mot Lois les actes législatifs cités dans ce volume.

Directeurs des Docks-Entrepôts du Havre, 66 ; de la Compagnie
Havraise de Magasins publics, 74 ; des Docks-Entrepôts de Paris,
75 ; des Docks-Entrepôts de Marseille, 76 ; du Magasin général
des soies de Lyon, 76 ; du Magasin général de Nantes, 77 ; id.
de Mulhouse, 78.

Dock. Acception primitive de ce mot, 79 ; ce qu'il signifia plus tard, 80.

Docks Anglais. Premiers Docks, 78 ; à quelles nécessités ils répondaient, et quels avantages ils produisirent, 79 et suiv. ; Mention
des Docks d'Angleterre, id. ; d'Ecosse, id.

Docks-Entrepôts du Havre Opérations de cet établissement du 8
avril 1857 à la fin de novembre 1859, 58. V. Compagnie.

Id. de Marseille, 75.

Id. de Paris, 75.

E.

Effets de Commerce (Timbre des). Loi du 5-14 juin 1850, 105.

Endossement des Récépissés et Warrants, 5 et 6 ; est exempt de l'enregistrement, 37.

Oui, si mention du prix a été faite dans le dispositif du jugement, parce qu'alors il y a reconnaissance de ce prix.

Non, s'il n'est aucunement parlé du prix.

Lorsqu'après une sommation extra-judiciaire ou une demande tendant à obtenir un paiement, une livraison ou l'exécution de toute autre convention dont le titre n'aurait point été indiqué dans lesdits exploits, ou qu'on aura simplement énoncé comme verbal, on produira, au cours d'instance, des écrits, billets, marchés, factures acceptées, lettres ou tout autre titre émané du défendeur qui n'auraient pas été enregistrés avant ladite demande ou sommation, le double droit sera dû.

Ce double droit sera réglé conformément aux dispositions de l'art. 22 de la présente loi, et pourra être exigé ou perçu lors de l'enregistrement du jugement intervenu.

Telle est l'hypothèse de l'art. 23, combiné avec l'art. 57 de la loi du 28 avril 1816.

Le double droit sera perçu sur la partie du prix ou des sommes faisant l'objet de la condamnation, liquidation, collocation ou reconnaissance que contiendra le jugement intervenu.

Le droit provisoire de 2 fr. ne sera pas perçu.

Si la convention non enregistrée était présentée à la formalité après la demande, mais, avant le jugement, elle ne serait passible que du droit fixe de 2 fr.

Aucun droit proportionnel ne pourrait être perçu dans ce cas, puisqu'il n'y aurait pas encore de jugement, et que le principe d'exigibilité du droit proportionnel ne peut résulter que du dispositif d'un jugement ou des dispositions d'un acte public.

Ainsi, dans le cas où une partie produirait en cours d'instance une convention non-enregistrée et viendrait, par suite d'arrangements, à se désister de son action, aucun droit ne pourrait être perçu.

TABLE ALPHABÉTIQUE.

lique de cet établissement, 57, — formules 119 ; Conseil d'administration, 66.

Compagnie Havraise de Magasins Publics et de Magasins Généraux. Réglements et pratique de cet établissement, 66 ; mesures d'intérêt général dont cette compagnie a pris l'initiative, 73 et 74 *Préliminaires* XV, — formules, 119 ; administrateurs, 74.

Courtiers. Ils ont qualité pour procéder aux ventes pub. de marchandises en gros, 12, 13. Sur leurs droits et obligations, en matière de ventes pub. les courtiers consulteront la 2ᵉ loi de 1858, 12, et le tableau y annexé ; les articles 20 et suiv. du décret de 1859, 23, et la partie de la circulaire ministérielle qui s'y réfère, 31 et suiv., le chap. IV de ce livre, 41 et suiv.
Déclaration préal. de la vente, 44 ; annonces et affiches, 45 ; admission du public, 45 ; catalogue, 45 et 10ᵉ formule ; revente à la folle enchère, 45 ; procès-verbal de vente pub. par ministère de courtier, 11ᵉ formule ; procès-verbal de livraison en cas de renvoi à un autre jour, id.; appréciations favorables dont les courtiers ont été l'objet devant le Corps législatif, 66. V. Ventes publiques.

D.

Dalloz. Renvoi à son recueil périodique pour les travaux du Corps législatif sur les lois de 1858, 2.

Débarquement par les équipages : réduction des frais, 116.

Décrets. V. au mot Lois les actes législatifs cités dans ce volume.

Directeurs des Docks-Entrepôts du Havre, 66 ; de la Compagnie Havraise de Magasins publics, 74 ; des Docks-Entrepôts de Paris, 75 ; des Docks-Entrepôts de Marseille, 76 ; du Magasin général des soies de Lyon, 76 ; du Magasin général de Nantes, 77 ; id. de Mulhouse, 78.

Dock. Acception primitive de ce mot, 79 ; ce qu'il signifia plus tard, 80.

Docks Anglais. Premiers Docks, 78 ; à quelles nécessités ils répondaient, et quels avantages ils produisirent, 79 et suiv.; Mention des Docks d'Angleterre, id.; d'Ecosse, id.

Docks-Entrepôts du Havre Opérations de cet établissement du 8 avril 1857 à la fin de novembre 1859, 58. V. Compagnie.

Id. de Marseille, 75.

Id. de Paris, 75.

E.

Effets de Commerce (Timbre des). Loi du 5-14 juin 1850, 105.

Endossement des Récépissés et Warrants, 5 et 6 ; est exempt de l'enregistrement, 37.

Décret du 18 janvier 1860, relatif aux timbres mobiles pour les effets de commerce, 114.

M.

V.

W.

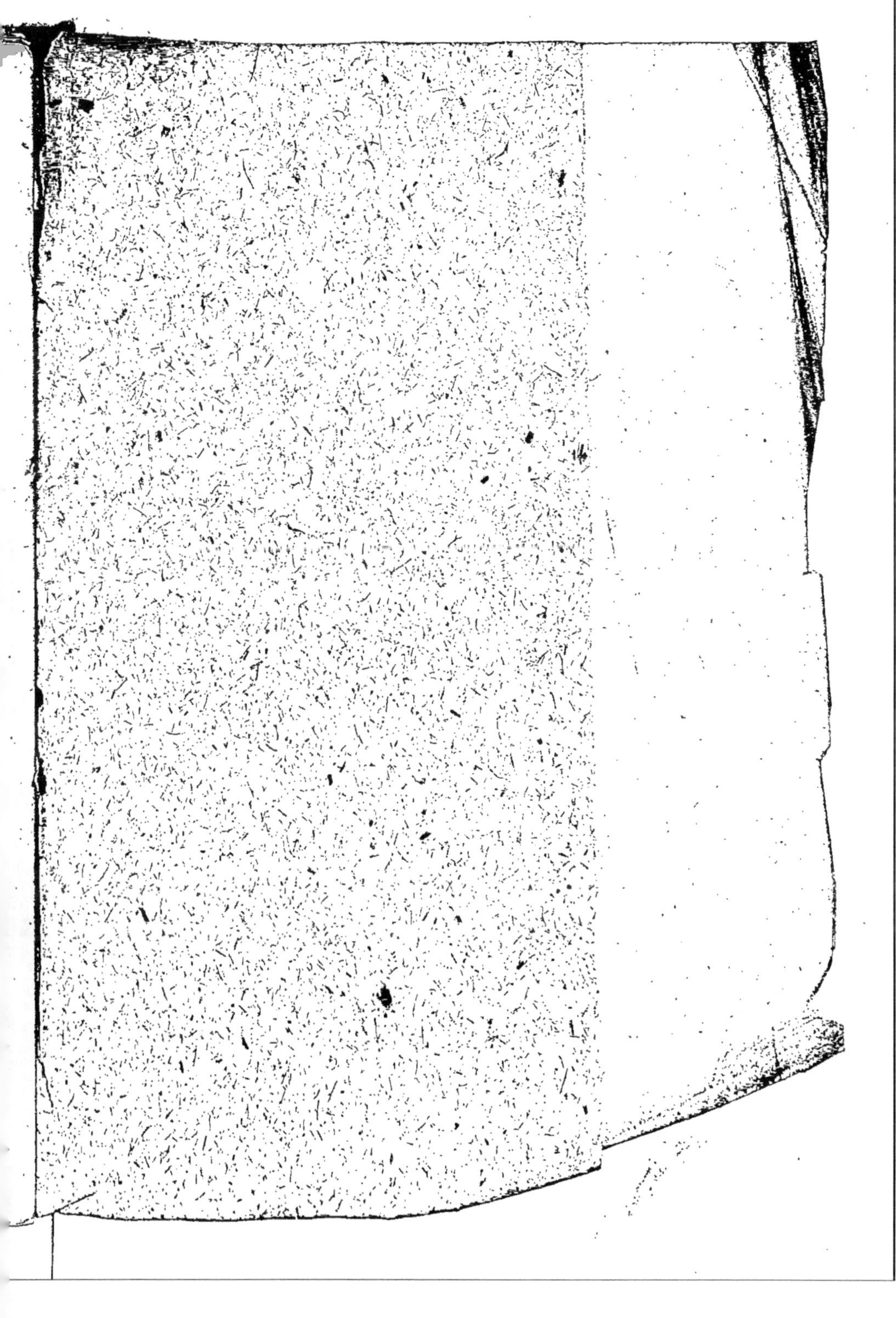

www.ingramcontent.com/pod-product-compliance
Ingram Content Group UK Ltd.
Pitfield, Milton Keynes, MK11 3LW, UK
UKHW022343090726
13658UKWH00001B/442

9 782019 984809